中国政法大学
研究生支教团二十周年纪实

主　编　黄瑞宇
副主编　付睿智

中国政法大学出版社

2019·北京

图书在版编目（ＣＩＰ）数据

中国政法大学研究生支教团二十周年纪实/黄瑞宇主编.—北京：中国政法大学出版社，2019.4

ISBN 978-7-5620-8948-3

Ⅰ.①中… Ⅱ.①黄… Ⅲ.①不发达地区－教育工作－概况－中国 Ⅳ.①G527

中国版本图书馆CIP数据核字（2019）第065067号

出 版 者	中国政法大学出版社
地　　址	北京市海淀区西土城路25号
邮寄地址	北京100088信箱8034分箱　邮编100088
网　　址	http://www.cuplpress.com（网络实名：中国政法大学出版社）
电　　话	010-58908285（总编室）58908433（编辑部）58908334（邮购部）
承　　印	固安华明印业有限公司
开　　本	720mm×960mm　1/16
印　　张	14.5
字　　数	260千字
版　　次	2019年4月第1版
印　　次	2019年4月第1次印刷
定　　价	59.00元

研支路上，青春与法治同行

　　"德法兼修、明法笃行"，这是习近平总书记考察中国政法大学时作出的嘱托，是中国政法大学赋予每一个法大人的烙印，也是每一个法大人一以贯之的人格信仰和价值坚守。在中国政法大学就有这样一群人，他们为了贯彻落实国家扶贫攻坚计划和科教兴国战略，积极响应共青团中央、教育部等部门的号召，先后前往祖国基层开展支教工作，用自己的力量将科学知识与法治观念带到祖国的西部，带到基层群众之中，为推动精准扶贫与建设法治社会添砖加瓦，他们就是中国政法大学研究生支教团。

　　自 1998 年以来，二百一十九名志愿者——法大研支团成员秉承"厚德、明法、格物、致公"的校训，笃信"用一年不长的时间，做一件终身难忘的事"，将深厚的人文素养转化为公益普法、扶贫支教等专项行动。山西灵丘、青海循化、甘肃榆中、河南新县、广西北流、新疆石河子、新疆伊犁、新疆北屯、云南姚安、山西石楼、江西宁都……在这些祖国需要的地方，都有法大研支团的身影。

　　扶贫攻坚，重在精准。法大研支团不仅借助扶贫支教的"扶智"平台普及文化知识，提升服务地学生的科学文化素养，而且致力于助学"扶志"，提升学生的公民素养和家国情怀。除日常教学外，研支团结合支教地实际情况在"12·9"等重要时间节点开展爱国主题教育活动，帮助同学们了解历史，培养学生的社会责任感；在"12·4"宪法日就常见的青少年违法犯罪现象开展普法系列讲座活动，帮助同学们树立法治观念；根据支教学校的课外教学需求，在支教学校指导设立

"模拟联合国协会"等社团，丰富学生课余生活，拓宽学生视野……

如果说"经世济民"的法大情怀让法大研支团的成员用温情呵护孩子们的成长，那么"法泽天下"的法大气度则让研支团的成员不断探索如何服务西部地方的社会建设和教育发展。多年来，支教团不断为支教地拓展社会资源，在团中央、学校及社会各界爱心人士的帮助下，支教团相继为支教学校带来数千本课外书、近百台电脑和其他电教设施的捐赠，有力地促进了支教学校教学环境和条件的改善。同时，法大研支团也一直在探索着将专业知识与法律实践相结合，充分发挥中国政法大学作为中国法学教育最高学府的平台优势。为服务支教地法治建设，支教团积极配合当地司法局、团县委，参与到政府组织的社区普法工作中，多次组织模拟法庭，讲解法律文书的起草与阅读方法，让当地老百姓更熟悉法院立案、审判、执行的详细工作流程。从第一届研支团组建至今，法大研支团在服务地中学的学生、家长和老师间开展系列普法宣传活动数十次，多次接待当事人来访并为其提供法律意见，助力法治建设走进基层、走进群众。

在党的十九大报告中，习近平总书记对广大青年说，中华民族伟大复兴的中国梦终将在一代代青年的接力奋斗中变为现实，广大青年要坚定理想信念，志存高远，脚踏实地，勇做时代的弄潮儿，在实现中国梦的生动实践中放飞青春梦想，在为人民利益的不懈奋斗中书写人生华章。三尺讲台雕刻无悔青春，西部基层践行法治理念，这就是中国政法大学研究生支教团。忆往昔，廿载峥嵘笃行路；展前程，初心不忘砥砺行。二十年的风雨兼程让如今的法大研支团更加自信从容，但精准扶贫，任重道远。法大研支团依旧承载重盼，在扶贫攻坚、推动法治中国的建设中，法大人，一直在路上！

目 录

CONTENTS

第一届：十年春秋　苦乐参禅

前言：中国政法大学是共青团中央"中国青年志愿者扶贫接力计划研究生支教团"计划第一批参与高校，法大首届研支团由贺丹、肖江峰、罗海敏、凌忠果四名成员组成，分别赴甘肃榆中、青海循化及山西灵丘三地支教。下文是贺丹于 2009 年所撰写的支教十周年回忆随笔，收录入文集，以作纪念。

十年的纪念

贺丹／文

我写下这些文字，不是为了怀念个人的经历，而是为了纪念那些属于研究生支教团的历史。

一九九九年

1998 年 11 月的一个中午，我得到学校通知，共青团中央启动"中国青年志愿者扶贫接力计划研究生支教团"计划，在全国 22 所高校选择 100 名志愿者赴国定贫困县进行为期一年的扶贫支教，法大须遴选 4 位应届毕业生参加。马抗美校长亲自主持了对报名志愿者的面试，我幸运地成为其中的一员。

1999 年 8 月，首届研究生支教团志愿者在京进行集训，后分赴五个不同地区进行支教。经统一分配，法大的四名志愿者中，肖江峰去的是甘肃榆中，罗海敏去的是青海循化，我和凌忠果去山西灵丘。我们都将去乡镇中学进行一年的教师工作。出发前，听说灵丘没有水，挑水要翻过一座山，我就在北京买了很大一瓶矿泉水。我当时想，在没有水的时候，看看也好。

山西灵丘支教团中，研究生支教团志愿者共有十五人，加上团中央的三位志愿者，共有十八人，分别在六个不同的中学支教，每个中学三人。我去的是东河南中学。根据东河南中学的安排，我担任初一的语文教师，在第二学期还兼任了初一的生物教师。

最初，我们需要适应的是当地的生活和语言。刚到东河南镇的时候，我们只要走在街上，就会引来路人的注目。因为很明显，我们是三个外地人。我们听不懂当地的方言，因此还出过一些笑话。但是后来，全镇都知道，中学来了三个支教的志愿者老师，所以也就少了很多不便。学校仅有一部电话，我告诉家人和朋友，如果想给我打电话，一定要让电话铃声多响一会，因为电话锁在校长室的抽屉里，要等管电话的老师拿出钥匙，开了柜子，才能接电话。学校只有一台彩色电视，是一家杂志社捐赠的，我们用它收看了国庆五十周年阅兵式。由于信号不好，到了晚上新闻联播重播阅兵式镜头的时候，我们才发现，原来女民兵方队的衣服是红颜色的。那一年的雪下得很早，10月30日就下了一场雪，我们就开始生炉子取暖。捡柴火是一项很重要的工作。一次，我在学校的小树林里发现很多被风吹落的树枝，如获至宝地抱了满怀。但当我一脚踢开宿舍门，把柴禾抱进屋里时，却惊讶地发现，宿舍里正坐着刚到的团中央和县里来看望志愿者的领导。很快，我们学会了使用辘轳井，能够十分迅速地把火炉的炉筒子拆下来，把煤烟抖掉，并且能够用比较不标准的灵丘话和老乡聊天了。

工作环境也是我们要面对的一大挑战。教学工作刚刚开始的时候，迎接我们的不是热情的同事，而是周围疑惑的眼神。大家都在观察，看我们能不能留下来做好工作。一位当地老师的办公桌和我的办公桌挨着，他每次都要经过我的座位，才能坐在自己的办公桌前。但在开始的一个月里，他没有和我说过一句话。面对这些，我能做的就是做好工作。我几乎整天坐在办公桌前批改作文、日记和作业，有时候，我的评语写得比学生的文章还要多。我摸索着拓展学生视野和知识面的教学方法，给他们订了相应的刊物供大家借阅。后来，我的工作渐渐得到了老师们的认可，并和其中的很多老师成了朋友。在这个过程中，我知道我身旁的老师们都是有爱心、有才华、有责任感的教师。

在报名成为志愿者和刚刚开始支教工作的时候，我的心里充满着激情，认为自己的努力能够带来成果和改变。然而，在我的学生辍学的时候，在家长对我说读书没有什么用的时候，我也曾经为自己的力量十分有限而消沉和难过。随着时间的流逝，荡漾的激情和沉重的挫折感都不复存在，我感到自己就是东河南中学的一名普通老师，我应该尽力做好我手中的工作，教授学生更多的知识和能力。在第二学期，我和其他志愿者一同组织了东河南中学第一届英语演讲比赛和艺术节。在艺术节的节目演出的时候，很多东河南镇的老乡都来观看，那天就像是一个快乐的节日。我们还组织了学生宿舍的卫生评比，去很多学生家里进行了家访。

我始终感到，在支教的一年中，我得到的比我付出的要多很多。腊八的早上，天还黑着，学生们就等在我们的宿舍门口，手里端着家里带来的腊八粥。我们几乎在所有老师的家里都吃过饭，我还在当地老师的指导下第一次织了一件毛衣。我至今珍藏着许多双学生送给我的精美的绣花鞋垫。在我离开灵丘的前夕，学生们送给我一个笔记本，每一页上都是稚嫩的字迹和真诚的祝福。

二〇〇九年

十年过去了。

在这十年间，我在北京见到过我的两位学生，一位是 2005 年北京科技大学的新生，另一位已经在北京工作。我在去兰州出差的时候，看望过我另外一位学生，她在兰州工业大学读制药专业。我接到过学生的电话，有的已经成家立业，有的在遇到问题时希望听听我的建议。我在北京见到过来开会的校长和东河南中学的同事，他们的生活和事业都越来越好。

十年过去了，支教之初，我曾经激情满怀，希望自己的工作能够改变什么。支教之后，我曾经沉默，因为自己真的没能做出什么。十年后的今天，我感到踏实，因为我自己曾经在一个伟大的事业中，贡献过自己的力量。这种踏实，更多的是因为我知道，在我之后，一届又一届像我当年一样激情满怀的志愿者将参与这个事业，续写研究生支教团的历史。

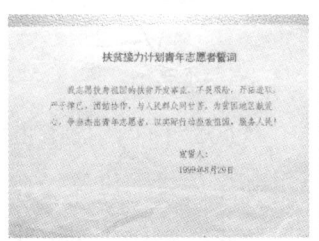

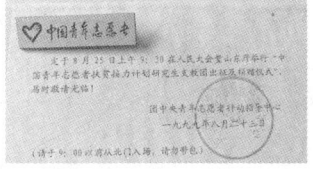

第 1 届研支团成员贺丹与东河南中学学生合影

第二届：不忘初心　继往开来

前言： 中国政法大学第二届研究生支教团由段一昕、蔡蓓、黄晓慧、邬慧芳这四名来自国际经济法系、经济法系、政管系的 2000 届本科毕业生组成。他们开展支教活动的河南新县职业高中位于河南与湖北交界处，同时，新县也是全国著名的革命老区和将军县，研支团在此留下了浓浓的师生情谊，收获了无尽的精神财富。

20 周年回望 | 访第二届研支团成员黄晓慧老师

黄晓慧 / 口述　高丹阳 / 整理

正值中国政法大学研支团成立二十周年之际，我们特别邀请到第二届研支团成员、现中国政法大学商学院研究生工作办公室主任黄晓慧老师进行了采访。黄老师一行四人于 2000 年去了河南省信阳市新县职业高中。新县位于河南与湖北交界处，是全国著名的革命老区和将军县。在这里先后诞生和养育了红四方面军、红二十五军、红二十八军三支红军队伍；中华苏维埃区域第一届运动会在这里成功举办；中国工农红军第一架飞机"列宁号"从这里飞向蓝天。谈起曾经的支教经历，黄老师仍颇有感触。

信阳印象

"信阳是一个自然风景特别美的地方，当时还没有过多的开发，属于大别山区，山清水秀。我们在去之前并没有过多的犹豫，因为觉得有这样一年的经历，可以到一个不同的地方，体会它的风土人情，会是一段很好的经历。

　　当时我们一行四人去的是河南信阳的一个县城里的职业高中，设施比较不错，但也确实有条件特别困难的地方。就像我们的上一届，也就是研支团的第一届，他们到的是山西，那个时候洗澡都困难，因为水资源很短缺。

　　学校的饮食条件很差，当时新生入学有军训，有的孩子站着站着就倒了。其实也没有很高强度的训练，但就是因为吃得不好，确实营养不良。后来我们四个人就会自己做饭，大家一起，轮着每人一天，就适应了许多。"

工作印象

　　"我们当时到的是一所职业高中，我们学校的学生主要教的就是语文和英语。其实没有特别多的个人时间，因为我们每个人到那边都会带一个班，是一个班的班主任。早上六点左右就要出早操，这个时候班主任就要到场，一直到晚上晚自习结束，有的时候还要去宿舍查寝。一般是到了周末的时候，大家会一起进城去改善伙食。春天天气好的时候，也会带班里的同学去山上简单地郊游，因为当时我们学校后边就是山，自然风光特别美。"

学生印象

　　"孩子们都非常单纯，每天跟孩子们打交道会觉得特别地受净化，而且当地的老师也非常地羡慕我们，因为对于他们来说，能到这个学校教学就已经是很好的发展机会和选择，但我们只是到那里暂时落脚一年，之后还有无限的可能，所以也会更想珍惜自己拥有的吧。我们有的时候会给孩子们讲我们在北京的生活，孩子听的时候都特别认真，眼神里都是那种特别神往的状态。在假期，我们回北京的时候，也会买一些小册子、小书给孩子们带回去。

　　学生都是农村的孩子，而且又是二十多年前，确实都比较淳朴。我们周末会带着孩子们去山上看杜鹃花，也会有一些孩子从家里拿来一些土特产、小东西给我们，那些他们自己可能也都不舍得吃，我们很感动。个别调皮捣乱的孩子也有，但是并不多。一年之后，我们走的时候，火车开走后学生就都跟着火车跑，就跟电影里演的一样，我们几个人在火车上坐着，也都哭了。其实现在回想起当时那个场景，印象仍然非常清楚。"

再次审视

"我觉得支教是有其存在的意义的，至少我们可以给孩子们讲一讲存在着不同的生活状态，可以让他们有更多的向往。而且老师最重要的就是言传身教，可能我们的教学水平并不如当地的老师，但是我们对待学生的方式以及跟他们的沟通可能是别的老师所做不到的。

现在回想起那一年，我仍然觉得非常有意义，非常值得。让我再选一遍的话，我还是会选择去支教，如果是以我现在的心态去支教的话，我觉得会比当时做得更好。我现在对支教、扶贫这些事情有了更新的认识，我觉得这些并不是有些人所说的面子工程，它确实有它存在的意义和价值。"

【后记】四十分钟的采访和黄老师时而动情的讲述，让我们看到了上一代人为研支团的初创所付出的尝试和努力、所奠基的信仰和热情。支教于我们而言，应该是一项事业、一份使命，在最热血的年纪和最好的同伴们去做一件最值得做的事，这是对过去十九年来所有研支团前辈们所做出的努力的继承，也是我们小一辈研支团人该有的责任与担当。正值研支团成立二十周年，在这个承上启下的节点，希望我们能够不负前人所望，继往开来。

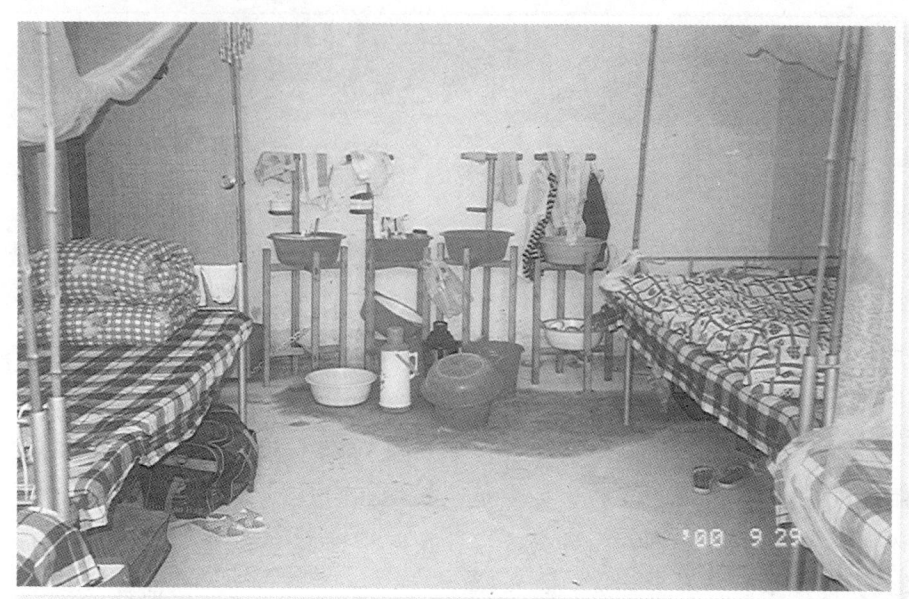

▲ 宿舍

▲ 第2届研支团成员出征前与马抗美副校长、万蓉老师合影：黄晓慧、万蓉、
马抗美、蔡蓓、邬慧芳、段一昕（从左至右）

▲ 参观新县鄂豫皖苏区革命博物馆

上岗第一天 ▶

◀ 迎新生

▲ 走访新县的小西藏——卡房初级中学

▲ 参观淮河、长江流域分水岭

▲ 师生合影

参观革命遗址 ▶

第三届：大别苍苍 念念不忘

前言： 中国政法大学第三届研究生支教团于 2001 年，由来自国际经济法系、法律系、政管系的郭圆媛、高小岩、冷玉、刘新波四名本科毕业生构成。其中郭圆媛、高小岩、冷玉就职于河南新县职业高中，刘新波则被分配在河南新县八里畈综合高中。成员主要从事英语、语文、数学、计算机等的授课工作。以下两篇文章分别创作于 2013 年及 2016 年，此次收录入集，珍藏当初的青春记忆。

青春的记忆

郭圆媛 / 文

下班后，在桌上沏一杯清茶，打开师妹的约稿短信。一转眼法大研究生支教团已经成立十八周年了，我的思绪也回到了十六年前我们第三届研究生支教团在国家级贫困县河南省新县支教的那一年。

2001 年暑期，我们来自国际经济法系、法律系和政管系的四位同学在通过校内选拔后作为法大第三届研究生支教团的成员在中国人民大学进行了集中培训，和北方交通大学（现北京交通大学）的四位同学一起，奔赴国家级贫困县河南省新县进行为期一年的义务支教工作。

新县位于河南省信阳市东南部，地处大别山腹地，鄂豫两省的交接地带，是全国著名的革命老区和将军县，是许世友、李德生、郑维山等将军和老领导的故乡，也是著名的"板栗之乡""银杏之乡"。

根据县里的安排，我和我校的高小岩、冷玉以及北方交大的于洁、李小香、刘志六人在河南省新县职业高中进行支教工作，刘新波和田新宇二人被安排在八里乡进行支教。我们在新县职业高中分别负责高中英语、语文、数学、计算机等学科的授课工作，住宿则安排在离高中不远的龚老师家里。

新县对于教育工作很重视。新县团委等部门的领导、同志和新县职高的阮校长等校领导在我们到达伊始就通过座谈会、参观等形式让我们了解新县的革命传统、发展和教育现状等。在很快地熟悉新县和学校的情况后，我们的支教生活也很快步入了正轨——每天认真备课、上课、批改作业、和学生谈心等。

一听到职业高中几个字，一般人可能会觉得学生都是调皮捣蛋，很难管理的。但是在我们开始上课后，才发现这里的孩子有着老区孩子的那种纯真与质朴，对知识的渴望很强烈。课上我们尽量采取活泼生动的方式上课，课下我们也经常和这些可爱的孩子聊天，一起和他们在校园的操场上打乒乓球。很快我们就和这些可爱的孩子成了朋友，他们也把我们当成大哥哥、大姐姐一样。后来这些可爱的孩子有很多都步入了大学的校门。

在我们的支教生活中，记忆深刻的还有当地的老师。比如代数学课的小张老师、朱老师无论是在工作上还是生活上都给了我们很大的支持。我们还一起参加了新县职高成立二十周年的演出，通过自编自演的舞蹈带去了对新县职高的美好祝福。

在一起支教的一年里，我们几位同学结下了深厚的友谊，后来都成了很好的朋友。还记得我们一起去新县广场参观了解当地革命传统；还记得我们第一次摘下绿茸茸的新鲜板栗；还记得刘志同学每天早上六点起床乘坐摩的去市场买菜，我们几位轮流做饭，一声"饭好了，过来吃饭"，我们就像一家人一样围坐在桌前一起吃饭；还记得于洁同学有很多次都是因为中午给学生补课，所以最晚回来吃饭；还记得我们一起备课，一起改作业，一起聊班上的孩子；还记得我们一起和老师家里的小闺女龚俊以及宠物咪咪、狗狗一起嬉戏逗闹……

一年的支教生活很快就进入了尾声，我们要离开这里返回学校开始研究生的学习生活。记得走的时候，班里几乎每个孩子都为我们带来了小礼物，有鞋垫，有自制的风铃，有自己叠的小星星，有自制的祝福卡片等。当火车开动的时候，我们8个人和自发到车站为我们送行的老师和孩子们都依依不舍地流下了眼泪……

如今我们都已经走上工作岗位多年并都已经到了为人父母的年龄。我想，我们每个人都将那一年作为研究生志愿者支教的青春记忆深深地刻在脑海里。直到现在参加工作后，我依然积极地参加单位的志愿者活动，一听到周围有人曾经是研究生支教团的成员就倍感亲切。我们那一年在教师岗位所收获的对教育的感悟以及内心深处对孩子们的柔软都已深入我们的骨髓。这些都将是我们一生中最宝贵的精神财富。

"跨上时光的骏马，点燃火热的青春，向浩瀚的星空许下青春的诺言，快步奔赴理想的巅峰"，谨以此文献给那一年的青春记忆。

忆我的支教岁月

——写在离开新县 11 年之后

刘新波／文

2012 年 12 月的一天，手机铃响起，一个陌生的号码。带着一点警惕，我接通了电话，有些意外，电话那头传来政法大学第十五届研究生支教团成员滑蕊彬彬有礼又充满活力的声音。我突然意识到，原来离开新县结束支教生活已经十一年多了，城市生活的脚步已经让我来不及去做太多的追忆，每天考虑的更多的是努力打拼去争取未来。而这个电话令我那尘封十一年的关于支教岁月的记忆被重新唤醒，仿佛电影中的情节重现，我穿越时空回到了2001 年的夏天。

那年九月，结束了本科学习生活迈出大学校门的我在度过了愉快的暑假后，来到中国人民大学参加第三届研究生支教团出发前的培训学习。培训时间虽然只有一周，但我收获颇多，结识了一批来自各个大学的精英学生，从他们的身上领略到不同学府的文化。遗憾的是，在那个年代，手机和网络还远未普及，电子邮箱还只专属于部分潮人。所以在各自奔赴受援地之后，我与绝大多数战友都失去了联系，不得不说是一个巨大的损失。

在此，我也希望通过本次法大第十五届支教团组织"回首忆支教、提笔写青春"活动的机会，希望团中央组织研究生支教活动的有关老师，可以将每一届支教团成员重新联系起来，建立通讯录，组织大家见面，续写友谊，一同回忆属于大家的支教生活。

背负着团中央、法大以及家人的重托，我与法大其他三位同学以及北方交通大学的四位支教团成员一起奔赴受援地河南省新县——我的第三故乡。

当时的我只有二十三岁，除了家庭及学校生活之外几乎没有其他任何人生经历。除了简单的行李之外，被我带到新县的就只有克服一切艰难险阻、圆满完成支教工作任务的一腔热情。我非常希望自己能够回报社会，真的做点什么。但在来到新县八里畈镇职业高中学校的那一刻起，我才意识到原来自己还是如此不成熟，对社会的了解实在有限，之前对困难的认识也太过抽象了。踏入宿舍的那一刻，眼前的情景让我终生难忘——简陋的小院，大概三十平方米，院子的一角有一间两米见方的厨房；对面的墙上是经常没有水的自来水管，下面是蓄水池，水中漂着大大小小的黑点；宿舍门前是一条水沟，那就是屋子的下水系统；宿舍由旧教室一分为二改造而成，一间是客厅，有两张桌子和椅子，另一间是卧室，只有两张单人木床，整间宿舍地面被足有一寸厚的土完全覆盖。这就是我和我的战友工作和生活一年的地方，而实际上，与学生们艰苦的学习生活条件相比，这已经很奢侈了。

最初的那几天，对我来说不啻于一种煎熬。生活条件的艰苦和对家人朋友的思念让我开始怀疑自己当初的选择。到了晚上，我会呆望着桌子上的日历计算着归期……

跟我一起来到八里高中的是北交大的田新宇，一个当时还没有女朋友的大帅哥。我一直怀疑这位仁兄是否学习过绘画。是他在宿舍黑板上用粉笔画下的心手相连的志愿白鸽以及那句支教团所有成员都耳熟能详的口号"用一年不长的时间，做一件终生难忘的事"不断提醒我此行的意义，使我得以迅速调整心态进入角色。真心感谢我的这位战友，睡在我对面的兄弟！虽然现在工作繁忙，不常见面，但这段支教经历我们永远不会相忘！

为了能够充分锻炼自己，能够更多地与学生交流，更好地发挥支教的示范作用，在学校领导的协调下，我担任了高一2班的班主任，同时负责高一2班和高一1班的英语教学工作。之后的工作和生活是充实而繁忙的，每天早上带领学生们出早操、晨读、备课、上课、辅导晚自习，还要组织学生日常值日、在食堂维持秩序、巡视学生就寝情况、与学生谈心……

同时，我也体会到支教工作中特有的快乐和幸福。在教研室里与其他老师就教学和生活中的问题进行交流，相互学习；与老师和学生们在操场上一起打篮球；晚上在院子里看满天的繁星；课余时间到当地老师家中做客体验生活；有时也会邀请学生到我们的宿舍一起过周末；每两周可以休个真正的周末到新县城区与支教团的其他六名同学一起小聚，在雄伟壮阔的大别山脉体验登山的乐趣与挑战……

虽然只有一年的时间，但是我已完全融入了当地生活，成了一名地道的新县人。不知不觉中，加深了我与支教团成员、与支教地学校师生之间的了解。友谊在我们的心间慢慢滋长，一切都是那么地自然，甚至连我们自己都没有发现。直至支教活动结束要真正离开新县的那天，我们才发现那份真挚的感情是如此炽热，如此难以割舍。忘不了简短告别后离开教室时背后传来学生们熟悉的呼唤——"刘老师！"；忘不了登上返程列车时回头看见所有人眼中的泪水，也包括我们自己的！

如今，离开校园的我已为人父，更加深刻地体会到教师所肩负的社会重任以及教师职业的伟大。在离开新县十一年后的今天，我也借此机会衷心感谢共青团中央以及法大团委组织研究生支教团扶贫支教活动！感谢新县政府相关部门的领导以及八里高中师生给予的关心、帮助和支持，使我获得了极其宝贵的一段人生经历和精神财富！感谢法大第十五届研究生支教团给予我重温支教生活的难得机会！

由于各种各样的原因，我的支教生活难免留下些许遗憾，但我的青春却因为有了支教经历而充满精彩！

▲ 第 3 届研究生支教团成员合影

▲ 第 3 届研支团：2002 年新县街头掠影，小摩的是最重要的出行工具

▲ 第 3 届研支团：忆当年，新县留下了我们最美的时光

▲第3届研支团成员参加建校二十周年
文艺汇演，《情深深雨蒙蒙》剧中歌
曲串烧

▲第3届研支团成员生活照

◀第3届研支团成员临行前
和部分同学合影

▲第3届研支团成员在进行课堂辅导

第四届：信阳山泉 曲水流觞

前言： 中国政法大学第四届研究生支教团诞生于 2002 年，由沈建峰、王勋、薛圣海、张景丽四名法大本科毕业生组成，赴河南省信阳市新县千斤乡高级中学进行支教活动。现收录成员三篇支教十周年感悟随笔，纪念那生命中如同年轮般深刻的痕迹与烙印。

做一棵活着的树
——写在支教后十年的感悟

王勋／文

十年前的 2002 年夏天，笔者作为中国政法大学研究生支教团第四届的成员之一，承载着领导和老师们的殷切希望，去往河南省信阳市新县千斤乡高级中学，从事为期一年的农村高中教学工作。时光荏苒，转眼支教结束已经十年了，回首那年的支教生活，仿佛一幕幕电影画面在脑海中回放，那山、那人、那事，总是那样清晰而难以忘却。如果把我的生命比作一棵生长的树，那支教的一年无疑是我人生历程中最特殊的一圈年轮。虽然笔者对支教有太多的话想说，但限于篇幅本文仅谈几点支教后的人生感悟。

做一棵不停行走的树

笔者是一名从山东老家考到北京的大学生，在高考前的十八年里，从来没有离开过山东省，甚至在省内也只去过寥寥可数的几个城市。上大学后，生活的范围变成了北京到老家之间的两点一线，可以说到过的地方、人生的阅历非常有限。古语云，读万卷书，行万里路。通过参加支教，我从黄河流域的华北来到了长江流域的华中。新县地处大别山南麓，虽然行政区划属于豫南，但是文化、饮食、经济等却与鄂北极为相似。从最开始的语言不通、饮食不习惯，到后来的水乳交融、依依难舍，一年的支教生活给我留下了终生难忘的记忆，更是开启了我不停行走的人生新旅程。读研期间和参加工作之后，笔者非常重视丰富人生经历，寻找机会去往不同的地方，感受不同范畴的社会文化，认识了或为点头之交或成为挚友的各色人等。差异意味着比较，比较意味着思考，思考意味着成长。笔者经常把自己的人生比作单程的旅行，生命的老去是不可阻挡的规律，但是在这个过程中，你要努力做一棵不停行走的树，要在自己生命的年轮中刻画下烙印般的痕迹，不断积攒这些宝贵的体验，那么生命的历程才算精彩！

做一棵根植大地的树

　　笔者是从小县城考上大学的，直到今天，我的父母依然生活在老家的小镇里，应当说去往农村高中支教对我来说不能算是吃苦，也不能说是感受新鲜。但是，支教的一年里，我切切实实地感受到了国家的幅员辽阔，文化的千差万别，更是亲身了解了一个老区的现状和其发展的路径。应当说，从对自己老家的基层生活经历，再到新县一年的生活经历，笔者一直在深刻感受着基层的中国社会。从学生、老师、领导，还有街上的摊贩们的一日工作，再到他们的家庭和乡里生活；从不了解春耕秋收，到知道水稻、银杏、板栗、茶叶的种种细节，笔者感觉自己生命之树的根系一直在向下深扎，并且从这厚重的大地中不断汲取着生命的营养。作为一名当代的大学生，作为一个生活在改革开放历史进程中的个体，我们必须自觉主动地走出象牙塔，关心社会、关注基层，始终将目光投向波澜广阔的当代中国，并将自己的生命与之充分融合，才能准确找到自己的人生定位，才能发挥出最大的作用。

做一棵独立思考的树

当代中国正处在改革开放的重要历史阶段，各种思潮、各种利益、各种矛盾纷现。作为一名经历了九年制义务教育、高中教育和大学基础教育的学生，笔者通过支教生活得到了一点深刻的感悟，那就是要敢于并善于独立思考。要不断反思自己经历过的事，要不断比较不同文化的差异，要深入思考社会发展的规律，要不停找寻人生真正的意义和价值。做一个不盲从、不武断、不轻浮的人，做一棵独立思考的树。即使你的思考结果和别人告诉你的不一样，即使你会因此承受凛冽的寒风，那也恰恰说明你有可能已经站在了属于自己的位置——一个不被林叶喧哗所埋没、能够看到远方风景的位置。

之所以有这样的感悟，正是因为在支教的一年中，笔者将在大学里学到的关于经济、社会、教育、文化等各种知识，和在支教过程中体验到的社会现实进行了结合比较，感觉获益颇深。时至今日，笔者仍始终坚持关注前沿信息，关心和柴米油盐相隔较远的政治军事、宏观经济、文化思潮等，并且坚持独立思考，尝试还原他人言论的原意和背景。虽然这种思考并不能带来直接的改变，但是笔者认为，中国的发展必须要靠一大批具有独立思考精神的人，要从中开辟不停创新的路径，进而汇聚成不易弯折、柔韧刚强的筋脉，才能将我们的历史贯穿起来，为我们国家和民族的生生不息和伟大复兴奠定人文的基础。

做一棵播撒绿荫的树

虽然支教的时间非常短暂，但是一年里和学生、老师们的朝夕相处，以及后来和他们多年的友谊延续，那种被需要、被肯定、被想念的感觉，确实是一种温暖的幸福。由此，笔者感悟到，人活着并不仅仅是为了生存，或是单纯的物质追求。按照马斯洛需求层次理论，人的需求是立体多样的。假如有人问我当下的"国问"："你幸福吗？"我将这样回答，就我而言，我能够获得生命维系所必须的各种条件，还能够拥有较为顺利的人生，进而还能发挥自己的作用并被认可，我觉得人生的幸福不过如此。人生就像是一本书，每一页的故事都精彩纷呈，但是当浮华背面那最后一页到来时，有什么能让你幸福安然地面对，我想这是所有哲学、宗教、文化研究的根本。或许根本就没有正确的答案，但是，做一棵播撒绿荫的树，在你力所能及的范围里，尽力去做一些于他人、于社会有益的事，岂不是在用行动回答着这个问题吗？

　　十年，是一个时间的阶段；十年，是一个生命的周期。回首支教生活和后来的十年，笔者感慨万千，遂结字成文以为纪念。

2012 年冬月于泉城

怀念那一年，感谢那一年

沈建峰 / 文

离开新县已近十年。在此期间，我读了硕士、博士，出国学习访问，又在高校任教多年，经历了很多的人和事，其中的许多都已在我脑海中慢慢淡去，但是在新县千斤高中支教时的记忆随着时间的流逝反而变得更加清晰。我怀念学校门前那四季潺潺流淌的河流、春天漫山遍野的油菜花、夏天静夜中的蛙鸣虫吟、秋天满地的栗子和满山金黄的银杏树、阴冷潮湿冬季里熊熊燃烧的火盆，怀念夜晚停电时点着蜡烛上自习的孩子们，怀念好客而友善的同事，怀念我们共同抗击"非典"的日子。

我是 2002 年 8 月到达新县的。时至今日，依然能回想起自己抱着一箱书，在欢迎的人群中，一步步地迈上千斤高中门前长长的石头台阶。回头，我看到了那条小河，河水有我从未见过的清澈，此后我便迷恋上了她。茶余饭后到河边走走，看看近处悠闲吃草的牛羊，看看远处的山和漫山葱绿的树木，感受这种何其淳朴而回归山林的美。多年之后，当在城市中碌碌而疲惫时，我时常自问，何时有机会再去重温那份天然的美？春天是信阳山区最美的季节，金黄的油菜花开遍了河谷和山头，暖暖的阳光抚摸着你在冬眠中刚刚苏醒的心。夏日夜晚不时响起的蛙鸣、虫吟，让宁静的夜晚显得更加宁静，带着新鲜青草味道的空气可以涤去你身心的疲惫。秋天，整个小镇都陷入了栗子和银杏的海洋，路边有晾晒的栗子、银杏果，山上有花一样鲜红或者黄灿灿的树叶。冬天似乎有些难熬，唯有火红的火盆让人留恋，寒冬里坐在火盆边，看几页书倒也颇为惬意。当然火盆并不是什么时候都是那么温暖，在那个冬天我也体味到了煤气中毒的苦痛。

山区的美景让我留恋，但真正触动我心的是山区好学的孩子们。如果我没记错的话，山里的孩子早上六点钟应该就在教室读书了，晚上十点才下晚自习，校园因此而沸腾半小时后，立刻就宁静了下来，睡在简陋床铺上的孩子们已经在等待明天的学习了。这是一所住宿制高中，远山中的孩子一个月才回一趟家，周末的教室中往往也坐满了孩子。没电的日子，满教室点点烛光中低头读书的身影催人泪下；寒冬里冻得红扑扑的手和脸让坐在敞亮、温暖的书屋中却无心读书的人们自惭形秽。十年过去了，不知道那里还是这样吗？

新县千斤高中的老师是我见过的最乐于向我们伸出帮助之手的同事，帮我们尽快熟悉自己的工作、领我们尽赏山中美景、教我们融入那个小镇。千斤高中的老师也是我见过的最辛苦的老师，早六晚十与学生相伴，当城市里的教师寒假未结，春节气息依旧浓郁之时，正月初十还没到他们就上班了。但他们却对我们说，你们过了正月十五再来吧。当我们在正月十一返回学校的时候，我们成了最受欢迎的客人。那一年的正月十五我在新县千斤高中度过，那一年的正月十五我醉倒在同事家中。十年过去了，不知道他们都还好吗？

2003 年，我们远离了城市，但我们并没有彻底远离"非典"。大量外出务工人员的返乡导致宁静的山村小镇也面临"非典"的威胁。初期学校还希望能通过锻炼学生身体、提高免疫力，避免停课。于是，课后我们就领着孩子们排着队去爬山，去锻炼。后来学校不得已放假了，我几乎忘记了自己是如何在那个空旷的校园中度过那段时间的，但是我们也因此推迟了返回北京的时间，我们等待着自己的学生返回校园，等待着给他们上完课，直到八月份才离开新县。

新县的一年支教生活，对我来说只是短暂的一瞬。但这一瞬却留给我无尽的财富。我的眼前时常会浮现出那幅山村美景，它让我得以宁静；我的耳边时常响起那群好学孩子的读书声，我教授他们知识，他们催促我奋进；我的心里常惦记那些友善而好客的老师，每年春节时和他们之间的短信问候似乎成了一份期待。

怀念那一年，感谢那一年。

做一棵会思考的树

张景丽／文

离开信阳新县将近十年了。十年，多么地漫长，长得让一个80后支教老师有足够的时间完成读研、工作、结婚、生子，长得让一个80后学生也经历了毕业、工作、跳槽、成家；十年，又是多么地短暂，短得让我还来不及梳理自己的心路历程，短得没有再出现一个机会让我再次踏上那方我热爱的、思念的、魂牵梦绕的土地。2012年组织撰写纪念研支团组建十周年文稿，借此机会，通过梳理支教的点点滴滴，再次梦归支教的第二故乡，完成了我十年来不曾完成的事情。感谢母校！感谢联系我的李超男小师妹！

2002年我本科毕业，本可以直接保送读研究生，但当时作为一名志愿者到乡村教书却是我的夙愿。一是我儿时生长在农村，对山野田间有着深厚的感情；二是一直对"人类灵魂的工程师"充满敬畏和仰望。于是我放弃了直接读研的机会，听从内心的召唤，毅然回到农村、回到大自然，来到了青山碧水、绿树红墙的信阳新县支教。

可也就是那一年，那短暂的一年，给了我一生取之不尽、用之不竭的精神财富。那一年，我志愿服务，无怨无悔！

当时，我担任信阳职业高中高一种植五班和养殖五班两个班级近150名学生的英语老师，开始的时候，二十一岁的我面对着比自己小五六岁的学生，茫然而慌乱：如何尽快了解每个学生？如何迅速走进他们的世界？如何树立一名老师的威信？如何引导他们在学习的道路上进行探索？一种沉甸甸的责任感始终伴随、督促着我。于是，我鼓励每位学生写英文日记，认真为他们逐字逐句批改；接受学校的邀请，代表支教团在开学典礼上发言，情深处热泪盈眶，用自己高中时代的经历来鼓舞台下的学生；在深夜停电时燃着蜡烛和同学们一起自习；在元旦晚会上应邀和他们一起放声歌唱；初冬的早自习课上，悄悄塞给趴在桌上哭泣的女生五十元钱，因为她刚刚从家里带来的生活费放在枕头下却不翼而飞；也曾收到来自本班和其他班同学的来信，并和他们成了朋友。

我曾收到一个学生背了十几里山路送来的沉甸甸的板栗，感动不已；我曾接受了河南省《教育时报》的专访，并被评为"2003年度十大新闻人物"；我曾从阮校长手里接过"新县职业高中荣誉教师"的证书，倍感荣幸……一年中的点点滴滴，一辈子都不能忘记。

夏夜里，当我独自在办公室批改学生的英语作文，能听到啾啾的蟋蟀鸣叫的声音。当我从教学楼拐角处走过，星星点点的萤火虫散发着淡蓝色的光迎面而来、触手可及。这人间的精灵，萦绕四周，似对我发出轻轻的邀请"让我们一起飞翔吧……"，可当我真的伸手去捉时，他又机敏地远离。那是我第一次也是至今为止唯一的一次近距离地接触萤火虫，回到北京就再也没有过。

2003年至2009年，我一直资助当年的两名学生至她们完成学业。尽管我读书期间并不富裕，但是总不忍心看着她们因为缺钱而终止已经开始的学业，总是希望她们能靠自己的勤奋努力，孜孜以求，赢得更加广阔的发展天空。2008年，我资助的一名学生忽然打电话给我，说是胃病犯了很严重，急需3500元钱。我非常着急，怕耽误病情，但工作又脱不开身，便立即求助家里人替我汇去4000块钱，片刻没有耽搁。谁知，不几天我就收到她的短信，从只言片语中，我明白了她实际已经陷入传销组织之中并被限制人身自由，正是我的4000元钱，让她拿回了手机和身份证。我便在深夜给她发短信、商定了暗号，以鼓励她学习为名，让她继续坚持，并嘱咐她要及时向我报告"学习进展"，给我更多信息。当时，正值奥运会召开前夕，我们部门已移至奥运大厦办公，我便详细记录下她的每条信息，以奥组委工作人员的身份，给公安部和安徽省公安厅写信，把所获取的传销组织的具体信息发给他们。当时我的同事都觉得这是不可能的事，但凭着一名法律专业人士的敏感性和救人心切的执着，我尽一切所能调动周围的力量，把举报信从多种渠道发给公安部门，并不厌其烦地一遍一遍打电话催问情况。三天后，我接到了安徽省公安厅打来的电话，说是根据我提供的线索，已经破获了该传销组织，我的学生也得以解救出来。真是谢天谢地！她又得以回到校园，继续学业了。

有时我也想，这一年到底给我留下了什么？应该就是一种难得的、难忘的、难弃的、难放的经历，一笔无私的、无怨的、无悔的、无尽的精神财富。"不计报酬、无私奉献"，当你真正心无杂念地做到了这一点，你收获的就是一份沉甸甸的对自己的肯定和自信，这种肯定和自信体现在每次提到这段经历时油然而生的自豪感中，体现在夜深人静想想自己全力付出带来的简单快乐中，体现在教师节收到来自学生的遥远、纯洁、真挚祝福时的感动中，体现在回忆起那段美好时光时脸上情不自禁浮现出的笑容中，体现在持续至今并将永远继续的助人为乐中，体现在"青年志愿者"这个无上荣光的称号中。

一年的支教生活早已结束，但志愿行动还在继续进行并将持续终生，和同学们相亲相爱的师生情谊也已转化成姐妹（弟）之情，和当年支教团同仁的友爱关切之情也与日俱增。

虽然后来就业形势严峻程度一年胜似一年，在找工作备受煎熬的时候家人和朋友还为我选择支教一年而晚就业一年感到惋惜，但我却从未后悔过。人生中处处是不可逆的选择，当你选择去走一条路时，也就为此放弃了更多的路。但无论选择哪条路，都只能靠自己的脚去丈量、用自己的心去感悟，任何人都不能替代。所以，选择之后就要坚定不移地走下去！任何一种经历都是人生路途中的宝贵财富，而支教这笔财富，更是用之不尽的精神食粮。

▲第4届研支团成员合照:(左前)张景丽、(左后起从左至右)薛圣海、沈建峰、王勋

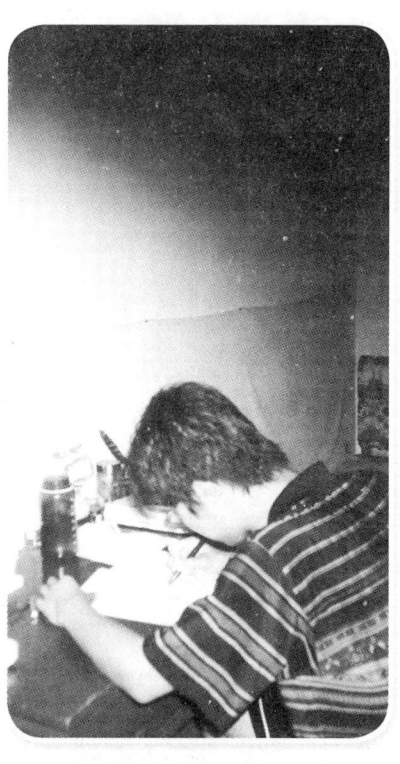

您说的话语 在这一年里，我没有用心 对待英语，现在心里特别内疚，非常对不住您的一片苦心。为此，又有从现在开始，每天默默为您祝福，若干年之后，希望您能记得曾经在一个极平凡的地方有一群抱过您的学生永远都会以您为骄傲。以您为骄傲

♥ 姓名　　　　♥ 性别　　　♥ 星座
♥ 生日　　　　♥ 爱好
♥ 电话　　　　　♥ E-mail
♥ OICQ　　　　♥ 我的主页
♥ 我的家在

▲学生临别寄语1

▲第4届研支团成员王勋正在备课

王老师:
　　还有三天，我们的高一生活就结束了。相处一年的老师.同学都要分离。感谢一年来您的谆谆教导。

青　末也匆匆，
春　去也匆匆，
有　却留下了一串串坚实的足迹
晴　你，就像一颗流星，
天　光芒四射，璀灿无比。
　　你，就像一阵风，
　　倏然而来，倏然而逝。

行程万里，翻山越岭，
却不叫一声"苦"一声累
留下的是欢笑，
是希望的火种，
带走的却是乡城的残叶
和尘埃。
无需西州谢，不求回报。

See
you
tomorrow

▲学生临别寄语2

▲第4届研支团成员张景丽获得的荣誉证书

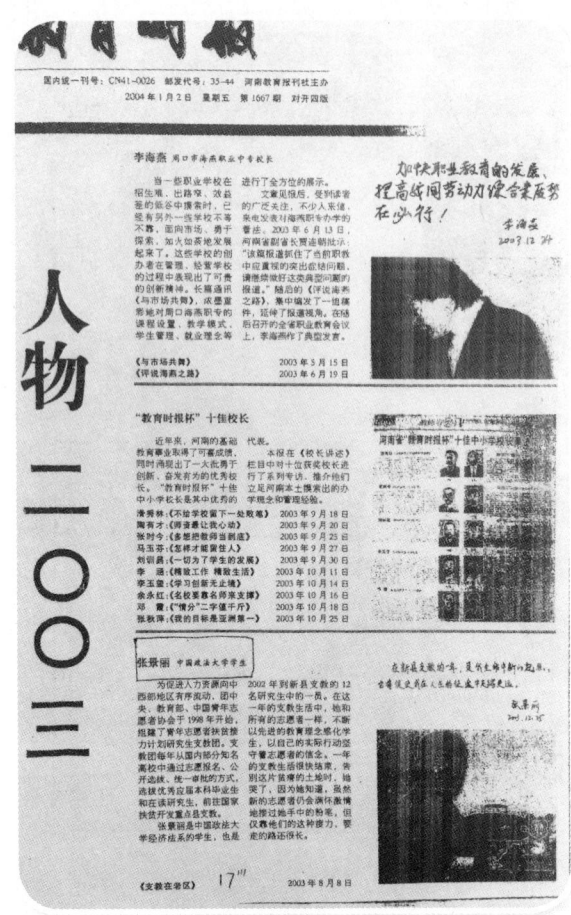

研支团成员张景丽在
《教育时报》发表文章

英语教案1

二、日常交际用法
1. Why are you making this journey?
2. We are trying to collect the money for a wildlife project.
3. We want to ... so that ...
4. What is the purpose of your new project?
5. We want to ...
6. That sounds a great idea.
7. Good Luck with your trip!

三、语法
初步理解现在动词语态和现在动词的时态
1. 给出例题
1. She was the best — novelist in England.
A. living
B. alive

C. lovely
D. lived
2. As — with many people he prefers meat to fish.
A. usual
B. often
C. common
D. touch
3. I would rather have the walls
A. painting white
B. paint white
C. painted to write
D. painted wate

◀ 英语教案2

中国邮政
贺年(有奖)明信片
Post of China
60分
中国邮政

自行剪下兑奖无效

O 01组 №. 387699

二〇〇三年一月十八日开奖，二月十八日公布的人民日报、中国邮政报及183网站(http、...)月五月1日起兑奖时，领奖人须将奖明信片及有效证件领奖，号码涂擦，无号，自行剪下无效

邮政编码

▲ 支教地学生寄来的明信片

第五届：八里绵山　青春比肩

前言： 2003 年，中国政法大学第五届研究生支教团正式成立。其主要成员有孔令政、宁静、苏蓓、张瑶、何晓丹五人，分别赴河南新县八里畈综合高中及河南新县职业高中支教。在短短一年的支教活动中，感受到"奉献"的力量。当被人信任和需要的时候，会愿意不计回报地做点事情，那种精神上的愉悦和满足甚至会超越现实的种种欲望。

大别山深处的青春
——支教一年工作总结

孔令政／文

这是一篇在河南省新县八里畈综合高中支教的工作总结。久久不愿提笔。因为既然是总结，就必然意味着一段生活、一种生涯的结束。再回首，往事历历在目，如同潮水般冲刷着我情感的堤坝。

"光荣与梦想同在，青春与奉献齐辉。"这是一年前，中国政法大学选拔支教团成员时我在黑板上写下的几个字。当法学院面试老师问道："你的成绩已经达到研究生保送资格，你为什么还要选择支教"时，我毫不思索地说："因为我以后可以自豪地说：'我曾是一名真正的人民教师！'"

"做一名真正的人民教师！"就为这句话，我在一年的支教生活中无怨无悔，风雨无阻。即使寒冬酷暑，即使饱受孤苦，我心永恒。

"蜡炬成灰泪始干"，人们都说教师是一支蜡烛，我不敢以此自居。因为一年的支教生活对于在这重重大别山深处一直默默耕耘的农村教师来说真的算不了什么。我可能只是一根火柴，火光虽微，但我是用我的青春在燃烧，哪怕稍亮即灭，我也曾在大别山的深处发出过我生命的光辉！

初到新县
"我看青山多妩媚，料青山看我亦如此"

汽车在公路上快速地前行着。

这是我来过的中国最南的地方了。我支教的目的地——河南省新县还在往南的前方。公路蜿蜒着，一直通向大别山的深处。车窗外，公路两侧郁郁葱葱，在微微细雨的映衬下，竟有种不知身在何处的感觉。

车驶入新县宾馆，新县县委、县政府、团县委以及教体局等单位召开了欢迎会。在会议上，我了解了关于新县的许多情况。

新县位于鄂、豫、皖三省交界处，属秦岭-淮河一线。新县是全国闻名的将军县。在土地革命时期，这里曾是第二大苏区——鄂豫皖革命根据地的首府。在新民主主义革命时期，这里有近半数的人为革命献出了生命。这里也是红二十五方面军的发祥地。这片革命的土地曾养育了许世友、李德生等四十多位共和国的将军，也留下了邓小平、刘伯承、徐向前等老一辈无产阶级革命家的光辉足迹。很难想象，这样一个地处豫南一隅、大别山深处的小县竟对共和国的缔造起了如此大的作用！

新县地处我国中南部，临近武汉，气候较为潮湿。新县的地理情况素有"八山、一水、一分田"的说法。即山多，水多，田少。这也是造成新县长期贫困的原因之一。目前，新县大约有三十万人，由于人多地少，有近十万人在外务工，劳务输出成了新县经济的一大特点。当地农民的粮食作物主要是水稻，经济作物有茶叶、板栗。虽然近些年在全国对老区的关怀下，在当地党委政府的不懈努力下，地方经济取得了较大的进展，但就总体而言，这里仍然欠发达，仍属于国家级的贫困县。

这是一片英雄的土地，同时这也是一片热情的土地。老区人民不会太多的客套话，在会后的欢迎宴上不停地劝酒。本人不胜酒力，然又盛情难却，几杯下肚，已是醉态酩酊。

饭后，八里畈高中的柳校长把我们三个支教的研究生带到我们的最终目的地——新县八里畈综合高中——一个据说是新县四个支教点中最为闭塞、最为艰苦的支教点。当车由省道拐入县道，再由县道拐入坑坑洼洼的乡间小路时，八里畈镇就在眼前了。当车驶入八里畈镇的时候，我竟有一种莫名其妙的亲切感；当看到我们即将入住的低矮瓦房时，我更是觉得这一切似乎早就存在于我的感觉中了。

在醉意朦胧中，抬头望望近在咫尺的青山，竟有种"我看青山多妩媚，料青山看我亦如此"的幽情！

教学与工作

"衣带渐宽终不悔，为伊消得人憔悴"

（一）班主任

之所以把班主任放在第一位写，不单是因为我是两年来来新县支教志愿者中唯一的一名班主任，更为重要的是班主任的身份极大地影响了我的支教生涯，成为我支教生活的主旋律。

一个大学刚毕业的毛头学生初为人师，而且还是班主任，不免有诸多不适。记得开学报名后的第一个晚自习，当我走进教室，看到教室里黑压压地坐着的八十二名学生，习惯于在各种公共场合讲话的我心里竟噌噌直跳，不敢开口。比他们大不了几岁的我能承担得起如此沉重的期望吗？

晚上去男生宿舍查夜，看到许多学生没有褥子、没有枕头，光着身子睡在粗糙的床板上，我不禁心头一震。其中有一个学生生病了。我跑回住所拿来体温计一量，三十九度！我又一次跑回住所，带来了一张被子让他垫在床上，并给他带来感冒药。看着他把药服下我才离开，一看表，已经十一点多了，第二天早上五点半还要起床跑操。还有一次，我班有一个学生左手骨折了，到乡医院拍片子一看，尺骨和桡骨都断了，而且差得很远。叫家长？这位同学的家在一百多里以外，且当时天色已黑，家长肯定是来不了了。在我的担保下，一个乡村医生答应给他接骨。接骨的时候，没有麻醉，学生用右手紧紧地握着我的手，越痛握得越紧，我坚定地握着他的手给他力量。这位学生自始没有哼一声，成功地接住了骨头，但事后他却流泪了，说谢谢老师。当时已是晚上十一点多了。我鼻子一酸说，没关系，在学校老师和家长是一样的。

由于教师紧缺，这所学校普通老师的教学任务就极重，班主任的工作量更是大得惊人。实事求是地讲，这是我长这么大以来最忙的一段时间。无论有没有早自习，我每天早上都得五点半起床，并亲自带学生在漆黑的乡间小路上跑早操。白天和晚自习期间，学校要求教师在办公室坐班。晚上学生们就寝后还要去查夜。由于过度劳累，再加上长期的睡眠不足，有一次上课，我眼前一黑，差点栽倒在地。我强装镇定，对学生说没事。下课后，我在其他两个支教研究生的陪伴下去乡医院花一块五毛钱打了一针。回家睡了一觉，第二天我又挣扎着站在了讲台上。

虽然工作极累，但我知道我的学生们需要我。当被人需要的时候，我就会感到自己存在的价值。在上大学前，是父母在照顾我；上大学时，我是自己照顾自己；现在我要照顾别人。虽然生活，尤其是精神生活极端贫乏，但为了我的学生，我都要去克服。当学生们在教师节把用彩笔画的一束花送给我时，当学生步行几十里路把家里种的板栗、草莓硬塞给我时，当……，我真正获得了一个教师的满足。

在日常的班级管理中，我实行了以下的管理方法：

1. 坚持养成教育，以理服人，以德服人。在日常的班级管理中，我十分重视做学生的思想工作，坚持"以人为本"的教育原则。我在找学生谈话时常说："不是谁是老师谁是学生的问题，而是谁对谁错的问题。"我从不简单地惩罚学生，而是要他们对自己的行为有所认识，要他们"知其不可为而不为"。我通过开展"如何与人相处""如何确立生活目标"等一系列主题班会，来帮助学生树立正确的人生观、世界观、价值观。经过一年的努力，我班的学生普遍提高了自己的道德修养，我所带的高一103班也被学校评为"五讲四美"先进班集体。

2. 注重学生的心理健康。高一学生正处于青春期，这个时期的孩子普遍敏感、情绪波动大，在心理学上称之为"心理断乳期"。在这个时期极易产生心理问题。对于这所高中的学生来说，还有两方面的原因使他们更易产生心理问题：第一，学生出身农村，高中又在农村就读，生活单一，信息匮乏。这样他们不容易确立目标，学习生活极为盲目，会产生抑郁的心理。第二，有70%左右的学生，其父母至少有一方在外打工。不少学生与爷爷奶奶生活在一起，缺乏适度的管教和足够的关爱。针对以上问题，我采取了班中集中讲解心理健康知识，然后个别谈心的办法。一年下来，我班所有的学生都与我深谈过，有不少学生与我的谈话多达几十次。通过采取以上措施，许多同学克服了焦躁、多动、抑郁、自卑等心理，生活学习态度变得乐观、积极向上。

3. 在班级日常事务管理中，我采取了以下两项措施：第一，班干部分层、分片管理，责任到人。狠抓班干部自身素质，每天都有值日的班干部负责班级工作的方方面面，并每天以活页班日志的方式向班主任汇报一次。与此同时，定期让全班同学对班干部进行民主考核。第二，实行每个学生的综合量化测评。制定相应的考评细则与表格，对学生的卫生、纪律、好人好事、课外活动等进行加分和扣分并每周公布一次排名。通过实行以上两项制度，103班的纪律、卫生等工作得到了明显的改善，成为整个高一年级纪律最好的班级。

4. 设立优秀学生奖学金，鼓励学生努力学习，取得进步。我们支教志愿者虽然在学校不领工资，但我还是拿出自己每个月的班主任津贴设立了优秀学生奖学金，奖励在每次月考、期中、期末考试中全班前三名和进步幅度最大的前三名。虽然每月只有八十元钱，却也是我的一片心意。通过多方采取措施，我们班的成绩突飞猛进。

5.经常进行家访，了解学生各个方面的情况。我利用周末的时间，数次去偏远的农村进行家访，与学生家庭共同探讨学生的教育问题，了解学生各个方面的情况。有一次我去一个学生家里家访，由于天晚没车，我晚上住在了学生家里。当睡觉前学生为我端来洗脚水时，我的心久久不能平静。我没有理由不去关心我的学生。2003年底，我是全县支教志愿者中最后一个离开新县的，然而正月我就辞别家人，只身来到新县。这是因为我听说一个学习成绩还不错的学生要辍学了。正月十四，我自己问路，转了两趟车，又步行来到这位学生家里。这位学生家里的贫困令我十分震惊：只有一间四处漏风的瓦房，一家五口人正在烤火。学生对我的到来十分地吃惊，转而又十分地热情。我和她的家长进行了一次深谈。最后这位学生还是辍学了，留给我的是无尽的遗憾。

班主任的生活是艰辛的，但我还是那句话："被人需要是幸福的。"新县地处大别山腹地，山清水秀，有不少名胜。可到目前为止，除学校组织去了香山湖和许世友将军墓外，我哪儿也没去过。我并不为错过这些机会而遗憾，因为我的学生就是我最美的风景。

（二）英语教师

我的专业是法学。确切地说，由于提前通过大学英语四级，我在大学只上过一年半的英语课。现在让我教高中英语确实有压力。我带高一103、104两个班的外语，每周的正课、作业课、自习课加起来有三十二节。

听说这儿的学生英语基础差，我有了一定的心理准备。第一节英语课我只讲了三个句子："English is nothing but a language ""I am your teacher as well as your friend ""I will never give up "，我想以此来缓解他们的紧张心理，激发他们学英语的兴趣。

尽管有心理准备，第一次英语作文"MY MOTHER"的完成情况还是让我大跌眼镜。一个简单的句子"我是爱我母亲的"，许多学生写成了"Me is love my moter"（许多学生的作文都是抄的，所以才会出现雷同）。能写出这样句子的学生已属不错，绝大多数学生写得更是不知所云。

怎么办？是放弃吗？不，他们初中、小学的教学条件太差了，这不全是他们的错。我是一名志愿者，我没有理由，也没有资格选择放弃。对！从头开始！我托北京的同学购买了英语国际音标的教材和磁带，并以此为依据自己编写教程并印发下去。在不影响正常教学进度的前提下，我用一个学期的时间来教这四十八个国际音标。

在日常教学中，我对学生要求十分严格。针对他们词汇贫乏、语感差的情况，我狠抓记单词和背课文。与此同时，我通过打电话与自己高中母校的英语老师联系，商讨教学方法。我同时也虚心向其他当地的老师讨教，交流经验。在此基础上，我形成了自己独特的教学方法。2003年底，在八里畈高中全校优质课比赛中，我的英语教学课名列前茅，获得了全校老师的一致认同。

在教学中，我不拘常规，采用多种教学手段来启发学生，激发他们的兴趣和积极性。2003年人教版高一英语教材第一课讲的是小说 CAST AWAY(《荒岛余生》)，我千方百计地找到了汤姆·汉克斯主演的同名电影光碟给学生放映（电视机和影碟机都是从别处搬来的），在学校首开了"看电影，学英语"的先河。此外，我还开展了"听经典、学英文"活动。像 RIGHT HERE WAITING FOR YOU、YESTERDAY ONCE MORE 等英文歌曲，学生不仅耳熟能详，并且能够唱下来。

这些教学方法和教学手段深受学生们的欢迎，极大调动了他们学习英语的积极性。我所带的班的英语在下学期期中考试中与重点班的成绩相差无几（我所教的是两个慢班）。

（三）团委书记

由于我在中国政法大学学习期间有过团学工作的经历，刚到八里畈高中我就被聘为八里畈高中校团委书记。

在任校团委书记期间，我利用自己的专业知识为全校师生举办了"预防青少年犯罪"知识讲座，详细讲解了青少年犯罪的样态、构成、心理以及预防。

这次讲座在全校师生中引起了强烈反响。不仅如此，在日常工作中我也在各个场合宣传相关法律知识，推进了法律知识的普及，增强了全校师生的法律意识。

在我的建议下，学校改进了升国旗仪式，使其更加正式、严肃。对于团学工作，我向来倡导"自我管理、自我教育、自我服务、自我发展"的自治管理方针。在此方针的指导下，我还帮助学校改组了校学生会，完善了各个职能部门，使其在学校的日常学生事务管理中起到了重大作用。此外，在我们三个支教研究生的策划下，学校成功地举办了英语演讲赛、诗词朗诵会、元旦晚会等较大的全校性学生活动。

总之，无论是作为一名班主任、一名英语教师，还是一名团委书记，我都恪守着一个中国青年志愿者"尽其所能，服务他人"的行动准则。令我倍感欣慰的是，我的教学和工作得到了学生们的广泛认可，在 2003 年底对教师进行满意度考核时，我获得了班主任、任课教师两个第一。北京四中校长曾说过："班主任是所有主任中最小的主任，但我却认为他是最大的主任。"人民教师永远是一个极其伟大的称谓，这是一项令人"衣带渐宽终不悔"的事业。

支教生活

"你对生活的体验，在于你如何去体验生活。"

八里畈镇即使是在新县都算是较为偏僻的一个乡镇。八里畈镇是一个由水稻田围成的很小的镇子，人口不多。在这里买东西要赶集，隔一天一次，大约从早上六点到上午十一点，其余时间连买菜都极为困难，街上根本没有人。

说实话，在八里畈镇的生活是清贫而艰苦的。

我们三个支教志愿者住在一间由教室改成的简陋的瓦房里。刚住进去是八月底九月初，那时经常是乌云蔽日，小雨淅沥，连日不开。雨下久了便会顺着墙流下黄泥巴来。被子潮得能拧出水来，晚上根本无法入睡。新县临近武汉，到天晴时又闷热不堪。由于镇子四周全是树林，因而这儿的虫子特别多。

在这里我第一次见识了拳头大的蛾子、能咬穿厚裤子的蚊子。我浑身上下被咬得伤痕累累，把学校的老师吓一跳。我苦笑一声道："蚊子欺生。"我们的窗户下面就有一个大马蜂窝，在院子里洗脸洗澡得万分小心。房子里的大小老鼠好像不太欢迎我们的到来，无论是在白天还是在黑夜都敢大摇大摆地出来骚扰我们。最令我难忘的是，有一天中午我在我的桌子上发现了一条蛇！

最难熬的还是冬天。现在想来还是不寒而栗。因为新县基本上属于中国南方，所以来新县的时候一点也没有为冬天发过愁。但当冬天来临的时候我才发现我错了。我是北方人，冬天虽然寒冷，但户外活动少，室内又有供暖，所以并不觉得十分难熬。新县的冬天温度徘徊在零度左右，天气阴冷潮湿，室内没有供暖。屋里屋外一个样，甚至屋外有阳光还要暖和些，因此白天都不敢待在房子里。最难受的是晚上，身上裹两个被子都哆哆嗦嗦睡不着。第二天五点半起床纯粹是被冻醒的，嘴里哈出的白气清晰可见。一摸脸冰凉冰凉的。由于劳累和寒冷，我的小腿和脚一直处于一种麻木状态，脚上也生了冻疮。冬天的蔬菜少得可怜，一大袋胡萝卜和一大袋土豆成了我们冬天的主要蔬菜。

苦归苦，但谁说苦中便不能作乐？

我们三个支教研究生自己做饭。逢热集的时候上街买尾鱼，展示一下自己并不出色的厨艺，却也洋洋自得。星期天的时候，有许多学生离家远，为了省下几块钱的车费就不回家了。我们几个买点肉，把学生叫来改善一下伙食，哪知道学生的做饭水准要比我们高得多，到最后我们倒成了不劳而获的"剥削者"了。学校的老师十分热情，经常把我们叫到家里去吃饭。菜摆一大桌子，还要憨厚地说一声："没的菜，喝好！"

严冬过后，春归大地。我会和学生一道去山上踏青。当学生把一串串野果挂在我脖子上，并在我头上插上一朵红红的映山红时，我们的笑声便响彻了整个山野。

这就是我在八里畈的生活，我诚实地体验了生活，同时生活也回馈了我很多。

组织生活

"我们走在大路上，意气风发、斗志昂扬"

来新县的时候，我的组织关系也转到了新县。于是我便成为新县八里畈综合高中党支部的一员了。

虽然是一所农村高中，但这里的组织生活却开展得正规而有声有色。党支部经常组织各种党的理论的学习，开展对入党积极分子的帮助和对老党员的考核。

在学校的日常生活和工作中，我非常注意体现一名青年志愿者的先进性。有一次，已是凌晨一点左右，学校的食堂发生了火灾。当时大火滔天，更为糟糕的是里面还有煤气罐！情势万分危急。我从床上爬起来跑到现场，由于食堂离男生宿舍较近，若发生不测，后果不堪设想。我来不及多想就冲进男生宿舍，组织学生疏散。最后消防队来了把火灭了，我才舒了一口气。看看表已快凌晨三点了，第二天六点我又去上早自习了。

在工作之余，我喜欢去更为偏僻的农村与农民直接交流。在这里我真正听到了打工者的倾诉、茶农的忧虑以及农村税费改革给农民带来的实惠。在与广大农民交流的过程中，我磨练了自己，极大拓展了视野，提高了实践工作能力。对于基层工作，农村、农民、农业等中国基本问题有了更加深刻的认识。

在 2003 年底，我被学校党支部评为优秀党员。这多少令我有些意外，因为全校只有三个名额。

在这里我看到了我们基层党组织的力量，看到了党的一系列卓有成效的政策给农村带来的变化。我想，我们正走在大路上，我们意气风发，我们斗志昂扬。

离别

"是离愁，别是一般滋味在心头"

"你一直向前走着，我大声地喊着，可你——孔老师，马上消失在了人群中，我大吼着，几近疯狂……"这是我们班一个同学在我快走时做的一个梦，她说这个梦让她好几天心情特别不好。

"孔老师，你教我们唱 *RIGHT HERE WAITING FOR YOU*，这是我现在最喜欢的一首歌。我好怕你走，如果你走了，我也会一直等你再回来的。"这是一个学生在语文作文中的一段话。

"孔老师，你是我所见过的最好的班主任，我们还会见面的。"这是一个中途辍学外出打工的学生留给我的一封信中的一段话。

这样的信太多了，我不忍再去读它们了。回想起这300来个日日夜夜，回想起我与学生的每一次谈心，甚至是对学生的每一次批评，我的心就久久难以平静。这是一段激情燃烧的岁月，学生们已成为我生命中刻骨铭心的一部分，我因他们喜，因他们悲。

我平静地告诉我的学生，合与散都是人生极为正常的一部分。况且，无论是老师还是你们，以后的人生道路还极为漫长。

我要感谢与我朝夕相伴的同事们——一群平凡、安于清贫的山村教师，默默无闻，数十年如一日。他们也是我的良师，对我助益良多。

当汽车再一次驶出这条乡路时，我的一段志愿者的青春也留在了身后。这是一段真正的、人民教师的青春。

不知山上的小路、河里的流水是否还会记住我，但八里畈已永远定格成我的第二故乡。

别了，八里畈的一切！我多想摘下一片云彩，涂下我留恋的寄语。

我走了，只留下静静的八里畈。

在那蔚蓝的天空下，又一队青年志愿者踏歌而来！

永远怀念我的支教生活

苏蓓 / 文

不知不觉我的支教生活已经过去快九年了。在我工作和生活了一年的贫困县里，现在气温应该很低了。因为那里地处南方，没有暖气，不知道教室里会不会冷，同学们的手会不会又长上了冻疮。办公室里的空调过一段时间应该可以开了，这样老师们备课时应该不会太辛苦了……

2003 年 8 月，我和我们学校的其他四位支教保研的同学一起来到了西安，和各大高校共三百余名志愿者接受为期一周的支教前培训。从如何与小孩子沟通，到文理科的授课方式有何不同；从如何保护自身安全，到如何将自己的爱心充分表达，团中央的领导及其挑选的优秀老师和志愿者代表知无不言，言无不尽，让我们又收到了一份来自本校老师之外的叮咛和祝福。

培训结束后，我们和北京交通大学、河南师范大学共十四名志愿者被一起分到河南省信阳市新县支教，这里也是著名的许世友将军大别山下的故乡。

交通的不便、小镇的无缘繁华、孩子生活的贫困乍看一如我的预料，但当我走进他们的宿舍，我还是被震惊了——小得可怜的房间居然要容纳十个人，水房、洗手间更是让人不想再看第二眼，但孩子们的脸上却写满了见到我们这些城里来的大学生的惊喜和满足。酸楚和一种强烈的使命感交杂在一起，让我的泪在眼眶里不停打转。我在心里默默说道：一定要尽最大的努力教给他们尽可能多的东西。

接下来的日子，我们首先要克服生活上的不适应——寝室里没有暖气，在这个经常又湿又冷的地方，我们既要高效率地休息，又要强迫自己一大早准时爬出刚暖热不久的被窝，按时去上课、做辅导。我们四个女生住的小院里还经常有老鼠、蛇、猫、蝙蝠出没，大家就相互壮着胆子。

我教的是高一年级的财会英语和计算机英语，两门课的专业性都很强。配套教材中，不光单词很难，而且句型似乎比我们在大学时使用的教材还要复杂，而孩子们的基础又都很差，好多人居然连汉语中的主、谓、宾是什么都不知道。上课前一调查，他们中的大部分人向来都是一见英语就犯怵。于是，我先放下英语跟他们谈大学里的学习和生活，当他们都对那里充满向往后，我再回到通往象牙塔的必经之路——英语的学习上，告诉他们如何树立信心，如何从小处着手，如何排除对包括英语在内的弱科及其授课老师的心理障碍，让自己每天都在进步。课下，我翻阅能找到的一切相关资料把课备扎实；课上，我用他们最关心的人和事作举例的载体，帮他们边补漏洞边学习新知识点，充分调动大家的积极性。休息时间，我们也会在一起交流，他们谈谈自己的心事，我尽可能地帮他们解决一些实际困难。我还会介绍一些社会热点问题并给出自己的评论，穿插一些法律知识和生活态度的教育。因为，我深知，我们在这里的停留是短暂的，能教给他们的书本知识是有限的，而我们此行的最大作用应该是教会他们以积极的人生态度去生活，教给他们一些学习方法，引导他们对更丰富的世界投去关注的目光。

每每想起办公室里的老师们的关心和帮助，每每看到讲台下孩子们投来的渴望的目光，每每发现他们一点点小小的进步，每每拿起孩子们送来的风铃、鲜花、毛绒玩具，每每翻开他们给我的小纸条和留言，总觉得心中充满了一种力量让我泪流满面……所以，在一年后那个要分别的下午，我没有勇气亲自去教室里跟他们说再见，只是打电话给他们的班主任，并请他转达我的离别与感激……

生活在物质极大丰富的城市，人的精神很容易变得空虚、浮躁，但小县城里的生活是那样的质朴、深沉，让我躁动的心归于平和、宁静。这里的家长不可能像城市里的家长那样早早等候在学校门口接孩子回家，他们能做的就是拼命卖力气，攒钱供孩子们念书。深山里的父母对子女的疼爱流淌在母亲的针线里、父亲的锄头里、外出打工的思念里，他们只想让孩子踩在他们的肩膀上走出大山。我们只要花十几个小时就可以走出大山，可是，那里的孩子们的求学之路却要走几年、十几年！我们能给予他们的、也一直在努力给予的，是一种积极向上的、健康的人生态度，是百折不挠的勇气和信心，更是面对艰难困苦永不言败的身心承受能力！我祝愿这里的孩子能和城里的孩子一样地生活，一样地收获，一样能感受到新世界、新生活。凭着简单却执著的信念，孩子们努力着，我们也努力着！在支教的平凡日子中我感受到了不一样的精彩。

　　支教结束后，孩子们的信、E-mail告诉我他们在挂念我，告诉我他们点点滴滴的发展和进步。我也会永远挂念着那些可爱的孩子和老师，还会把从他们身上学来的坚韧、勇敢带到我的生活中去。

　　愿我们大家都过得好！

　▲第5届支教团成员在西安参加培训后的晚会合影：何晓丹、张瑶、孔令政、苏蓓、宁静（从左至右）

第六届：青春激荡　韶华有声

前言：中国政法大学第六届研究生支教团成立于 2004 年，由李韶宇、翟远见、苏娅楠、张丽云、余蕊这五名法大本科毕业生构成，分赴河南新县千斤乡高中以及河南新县八里畈综合高中开展支教活动，踏上了一段这个年龄的青年人——一个大学毕业生并不多有的征程。

回到大山
——我的支教记忆

李韶宇 / 文

2004 年 9 月，作为团中央第六届研究生支教团的一员，我来到位于大别山区的河南省新县千斤乡高中，开始了为期一年的支教生活，同来的还有我的母校——中国政法大学的另外两位同学：张丽云、余蕊。在赶赴新县的路上，我们雄心勃勃，对即将到来的一年充满期待，也有一些别样的紧张与茫然。我们有了"战友"的共识，一起踏上了一段这个年龄的青年人—— 一个大学毕业生并不多有的征程。

然而，对我自己来讲，这更像是一次回归的旅途。我，是在回家。

作为一个从大山走出来的青年，陕北高原给了我无穷的苦和甜的回忆。我的小学基本是在高原上广袤无垠的黄土坡与沟壑的海洋中，在一个二十几户人家的小山村里度过的。在那个四个年级、二三十个学生、一间教室、一位老师的小学里，我度过了自己童年的大部分时光。走出来后，我无数次回过头去，回望那时的小窑洞，看那嬉戏的童年，看望那些留在了村子里的玩伴，看那时渴望飞翔、总在眺望大山外面的自己。我总有一种"要回去"的感觉，我的记忆是那个世界深切的呼唤，是一种永远抹不去的印痕与情结。我想，我应该回去，至少告诉那些我的童年玩伴们已经过早诞生的下一代——那些新一代的"小子""闺女"们——要走出去，从大山里出去，看看外面的世界，活出一个更加饱满与灿烂的人生。

大学毕业，我选择了支教，来到了新县，来到大别山深处的千斤乡高级中学，我没有任何障碍地住了下来。我不好谈自己是"诗意地栖居"，但在这一年的支教生活中，我把这里当成了自己的家。那个一直在我心里的呼唤现在踏实了，那个梦现在在我的手中，我要用我年轻的岁月、热情的心、二十年的经历去实现它。我想，在一年后的离别之时，我要让它更漂亮、更鲜活，因为在很大的意义上，我是在回家——回到了大山。

大别山深处的新县是一个美丽的地方，把她与我黄土高坡的故乡相比，这里实在是水多、山秀，绿意盎然。我心的深处自有一种"我爱这江南妖娆烟雨色，更念那塞北胡笛鸣风霜"的情结，然而我很快喜欢上了这南北融会的中原之地独有的韵味。新县更是昔日赫赫有名的鄂豫皖苏区首府所在地，有着丰富的红色资源，这也为我们此后一年中大量地接触革命史、了解革命史提供了十分便利的条件。

我所在的千高地处新县西部，是县西唯一、全县仅有的两所乡高中之一，几乎解决了县域西部八乡十一万人口的子女就学问题。当时，建校于1958年的千高正处于其历史发展的关键时期，着力于扩大办学规模，同时不断探索新路子，提高教学质量，从政府到百姓都对它寄予厚望。因此，对我们这些来支教的新人来讲，首先就是不能给学校发展带来任何不利的影响，而更加重要的是以此为契机，作出自己的贡献。回顾那一年，令我欣慰的是，我们基本做到了当初的这些设想，取得了一些成绩，得到了大家的肯定。

在我开始回忆自己一年的支教生活之前，我愿意首先表达对老区、对我所在学校的最诚挚的谢意。当然我可以把这样的内容写到文章的最后，但我以为只有这样才能较为贴切地表达自己：我们得到了来自老区政府和人民热情的欢迎与诸多照顾，尤其是我所在的千斤高中，学校、校长无微不至的关怀与帮助成为我们以后的人生历程中一份永难磨灭的温暖回忆与幸福源泉。作为支教地的学校，千高为来这里服务的每一个人提供了最好的条件和所有力所能及的帮助。我们的校长是一位颇有古风的基层教育工作者，他把自己的一生献给了这里的教育事业，也把自己对后辈学生的关心与照顾如对子女般地加于我们身上，让我们可以得心应手地利用这里的每一份对教学、对自身实践有用的资源，为我们自己的选择与梦想服务。

带着自己久有的期盼、激动与喜悦，带着对老区人民、对我所在学校、对我身边每一位基层教育工作者深挚的感念，我投入了这一年短暂、紧张而又充满乐趣与感悟的支教生活中。

历史与法律

在千高，我教高一的历史课与职业班的法律专业课。比起当地的主课老师，我的工作负担是较轻的，因此可以更充分地实践自己的教学设想。历史和法律是我喜欢的课程，高一的中国近现代史离现在并不遥远，我总可以在自己曾经的积累和对教材、教参的研读中找到一些值得介绍给同学们的教材以外的知识，以及知识以外的思考。教这门课，我搜集了许多课外资料，如一直在比照教学的费正清《剑桥中国史》，这样有助于培养学生自我思考与学习的能力。对高一的同学来说，相对并不紧张的学习可以给他们更多在课外求知的机会，我希望能尽量多地提供给他们这样的机会。除此之外，我还选择课程中重要的知识点适当地开了一些视频课，把自己以前积累和针对课时所搜集的照片、视频资料播放给学生，以增加他们对历史学科的学习兴趣，形成对重点知识的形象了解，这在当地缺乏此类教学方式的环境中起到了比较明显的作用。

比起历史，法律对于刚刚接触这个专业的高二年级的学生来说更显抽象、难学。不到一年的时间内，他们要学完包括宪法、行政法、民法、刑法、经济法和诉讼法六门法律知识的法学基础课与中国刑法专业课，而刑法采用的竟是大学本科的教材。在这门学科的教学中，我提醒自己要用尽量通俗易懂的语言诠释教材中抽象难学的法学术语，不断增加趣味性，课堂上多举简单有趣的例子。这样的教学方式取得了显著的效果，在千高曾经最没吸引力的法律课变得有声有色起来，还有其他专业的同学前来旁听，看到这样的情景，我是很高兴的。

一年下来，我所带班级的学生大多数都养成了预习教材的好习惯，这在千高是一项尚待努力并须长期坚持的工作。我的学生思路放得开，接受新事物的能力也都有不同程度的提高，这说明我在自己设想的"教学活学活用"的工作上取得了一些成绩，基本达到了教学的较深层次目标。

我们的"长征"

教学之外，我们还成了外面世界的窗口，成了传播新思想的使者。学年初，在我们挂职的千高团委、政教处推动下，我们接受了本校前辈们的邀请，在几周内几乎走遍了千斤高中城乡两个教学区所有的班集体。我们同大家谈学习方法，谈自己的求学经历，与同学们交流，在自己力所能及的范围内为大家答疑解惑。讲座与谈话的范围很快不再局限于学习、工作，而开始涉及生活、心理、人生。在此过程中，高中生鲜活的思想与精神也给了我们很多的启发，受益不浅。这番经历是教学以外一次非常有意义的"旅程"，我把它戏称为我们的"长征"，我们充当了一回颇有成效的"宣传队、播种机"。直到很久以后，我还会收到来自同学们的反馈与问候，我还看到自己曾经带给他们的格言被工整地抄写在学生自办的黑板报上。我知道，此行不枉，心里自然是欣慰的。

支教期间，我担任了学校政教处副主任。我认真地工作，用创新思维的能力与实践让自己接触到的学生思想工作有了新的发展、明显的变化，我所喜欢并坚持的人性化的工作风格也受到广大高中学生的欢迎。

从"好运来"到"麦香园"

每天在千高的食堂同老师、同学们排队等饭的时候，我的心情是愉悦的，因为我们受到了来自学校领导到食堂师傅的很多发自内心的关心与照顾。在八里畈高中的翟远见队长、县职高的苏娅楠同志经常会来千高与我们三人团聚，因为我同校长住在一起，大家相聚的时候，我们就会在自己戏称为"校长级待遇"的宿舍里聊天、吃饭、娱乐，其乐融融。

千高下面一条百米左右的小生活街也是我经常去的地方，小街的两头分别有一个小小的蛋糕店，一个叫"好运来"，一个叫"麦香园"。这条"从好运来到麦香园之路"我不知走过多少次，我熟悉其中的每一家店铺，每一个充满乡土味道的小标志牌，我同这里的每一位店主聊天，同赶集时熙攘的人们擦肩而过又气息相通。从与他们的攀谈中，从对这条小街的熟悉中，我了解了很多当地人们的生活，感受并学到了很多。

我们还充分利用了新县丰富的红色资源，在学校的支持与帮助下，开展了大量自我教育、自我培养的学习实践活动。与另外两位支教同志一道，我参观了许多鄂豫皖苏区的革命旧址，走访了许多老红军、烈士家属。我们还深入农村，与村干部、村民交谈，了解农村的实际情况，为当地的发展提出自己的想法与建议。在大家的共同努力下，这些活动都取得了较为圆满的成功，在这个过程中，我们也积极寻求机会，认真准备、用心感受，在活动中锻炼了自己，塑造了自己。

直到有一天，我们陪同校长去武汉出差，带回了一台数码相机。此后，喜欢摄影的我许多次捧着它走遍了千高周围的每一处风景，每一个角落。我拍自己工作和生活的地方，拍这里淳朴、勤奋的学生，拍那条熙攘的小街，拍春夏时节景物的变迁，拍秋叶如画，拍冬日里仍有点点绿意的大别山，拍这大山里辛劳耕作的老乡。现在，当我离开了千高，我仍会时常拿出那些照片来细细去看，去回忆、品读。和当年思念我的母校、师长、同学一样，我仍在思念着那方水土，思念我情感深处的另一个故乡，思念那三尺讲台，思念一位食堂老师傅腼腆的笑容，思念那窗外小街隔天一次的熙攘，思念我的镜头里大别山流动的四季，不变的岁月……

【后记】2013年春节，和我九年前支教地的校长胡朗德先生通电话，校长说他刚从新县高中校长任上退休了，我们在电话里聊了一些家常的问候话，并约好我要在两年内回一趟新县，再与校长把酒相谈一番。春节后，去昌平校区看望我们支教时的队长翟远见，远见去年刚从罗马求学四年回来，目前住在老校区的青年教师宿舍。他的宿舍正在我们曾共同学习、生活过的军都山下，依旧那么朴素，依旧是满壁书香。

我常想，人生是一段美丽的旅程，期间的每一个脚印、每一处停顿都有它深堪品读的地方，也正是这些脚步与逗点构成了我们生命的足迹。有的时候，你回头去看，发现生命中的那些美好比比皆是，满目都是灿烂；而支教的一年岁月无论对青年人心性的养成还是对人生的感悟都是非常珍贵的。

这是一篇旧文，写于支教回来后的2005年，现在拿出来看，仍令我生出许多的感慨。回望那段不会被遗忘的时光，我的心里充满了感动，还有感激。深深地祝福那方水土和那里的少年，愿我一年的青春在那里留下了痕迹；同时，真诚地祝愿我们一起支教过的伙伴们"满船风雨满船花"，人生应该如此，艰苦过，也欣赏过美丽风景。

深夜随想

瞿远见 / 文

孙筱 2004 年 10 月 1 号上午打来电话，让我写点有关支教感想的东西。大别山里的生活与往常没有什么不同，打来电话时我还正在监考。考虑到学生考试结束后自己有几百份卷子要批改；即使写了，也还要折腾到县里去发邮件，很是不方便；犹豫再三，婉言谢绝了她。满怀遗憾地熬过上午剩下的时间，回到住的小屋，心不在焉地做午饭时，手上不小心被热锅烫起的大水泡到底说服了我，还是写点吧。于是拿起电话告诉孙筱：我尽量挤时间写。

一年前选择支教，不是甜蜜的冲动，不是美妙的幻想，更不是功利的追求；也不单是想摆脱从学生到学生的过于程式化的轨迹。不长的支教生活已经明确地告诉我，在人生的站台上我选择了一列能安慰心魂的火车。

我被分配到大别山深处距县城四十多公里的一所农村高中。下车后，看到只有十几间教室的孤零零的教学楼，看到泡在变成"池塘"的低洼操场里寂寞的水泥乒乓球台，看到歪歪扭扭、有气无力的篮球架，我很兴奋，因为我知道这正是我要来的地方！住进只有几平方米的矮房子里，反而感到一种释然。初到的几天正值雨季，可以躺在孔令政师兄去年睡过的床上，听着雨滴从房顶有节奏地滴滴哒哒漏进屋内，也别有一番风味的。晚上，这片天地完全成了老鼠的乐园。它们没有因为我的到来而改变自己的作息制度，在夜幕降临后例行公事似的举办一场场的舞会。屋里几乎没有什么吃的东西，它们对隔壁老师送来的酸豆角好像没多大兴趣，所以也懒得从房顶下来。倒也算是与我和平相处。

头些天由于没有购置齐厨具，学校安排我去门口的小饭馆吃饭。饭馆里一位十五六岁光景的小女孩既是厨师，又是那里的服务员，对我很热情，也很礼貌。了解到我是从北方来的，比较喜欢吃面食，之后，一天必有一顿是面条，每碗都特意放了很多油。虽然做得并不好吃，但我每次都吃得很干净，走的时候不忘连道几声谢谢。这时候，她的脸上必定会浮现美丽而纯洁的微笑。这种微笑我在城市的餐厅、酒店里较少看到，那里强挤出来的笑容似乎都带有铜板的气息。这连招牌都没有的饭馆里的微笑，正像不远处山上茶花的香味，若有若无，轻淡而自然。然而不久后的一天，在和学校一位老师的闲聊中得知，她当时还是我们学校的一名高中学生，从那以后，我就再也没有单独去那里吃过饭了。至于为什么，我现在也说不清。

开学前的几天，孔师兄从北京打来了好几次电话，谈的最多的是学生；这里的老师来到我的住处，谈的最多却是孔令政。实际上，在昌平读书的时候，我对孔师兄并不熟悉，只是常听人提及其名字而已。在电话中，他详细地给我介绍了这所学校学生的学习基础，并告诉我什么样的教学方法可能是有效的、可行的。现在看来，孔师兄的古道热肠，使我少犯了许多错误，少走了许多弯路。从他的电话中，我也明白了这里的老师谈到他时为什么赞赏之情溢于言表——他是用一颗心来教学生的，他在这里是动了情的。这里老师对他的称许赞赏也使我下定决心——一定要把这一棒跑好，中国政法大学的牌子不能在我这砸掉！

拿到高二英语课本的那一刻，我猛然清醒了：这才是支教生活的真正开始！我每星期要上近三十节课，早上五点多起床去辅导学生早读，晚上十点拖着疲惫的身体回到住处。休息几个小时后，第二天早晨又精神饱满地开始重复前一天的生活。由于是新教材，教师用书还没有到，唯一的参考书是一本借来的20世纪80年代出版的牛津大词典。学生的英语基础很差，全班的平均分只有三四十分。但看到学生的父母给他们送米时被扁担压弯的腰背和那份意欲隐藏的酸楚，看到学生回答问题时涨红的脸庞和那份显而易见的不安，我用足够的耐心一遍又一遍地讲解，直到他们真正弄懂一个知识点。

我基本没有批评过学生，只有一次是例外。一节课上我让学生用几个英语短语造句，有一个学生原原本本抄完了同桌的答案便趴在课桌上呼呼大睡。我很生气，叫醒了他，让他把那几个句子抄写十遍，第二天早晨还要背给我听。下课后其他学生告诉我，他初中三年级时为挣钱补贴家用去南方打工了，回来直接读的高中，英语基础极差；他父亲现在还在外地打工。前一天他回家帮体弱的母亲收稻子了，当天早上快上课时才从家里匆匆赶到学校。听完后，我很后悔在课堂上没有问清楚就对他发那么大的火。等到我又回到教室要向他道歉时，他正在讲台旁边给蓄能灯充电，准备晚上躺在被窝里背诵用。几个句子，英语基础好的学生只需要几十分钟甚至几分钟就能背会；而于他，则需几个小时甚至十几个小时。我只呆呆地望着他做每一个细小的动作，准备好的话一个字也吐不出来。幸福和懊悔在我心里蔓延。

高二英语教了有两周，学生和我都已适应了彼此的节奏。一天晚上，学校领导找到我，努力了几次终于开口，说高一一位语文老师被学生撵走了，又调来的却是一位英语老师，所以只好让我改教高一语文。虽然心里有一丝不情愿，但我还是满口答应下来。本来想强憋着这个消息上完最后一堂英语课，不想课讲到一半时，有一位学生喊了一句："老师不教咱们了！"教室里先是死寂了十几分钟，继而躁动了起来。得到我的证实后，很多学生趴在了课桌上，红着眼圈呆呆地望着我。那一天，两个班的学生没有下楼做课间操。那一天，9月8号。

接下来的两天，学生们不断找班主任，找校长，找我。我在小屋里向一拨又一拨的学生解释，告诉他们下一位老师是英语科班出身、很有经验，告诉他们学习主要靠自己，告诉他们还可以经常来我的住处。我一天说了平日里三天说的话，终于使他们的情绪稳定了下来。可能是太累了，9月9号的夜里，我发烧到三十九度多，半夜爬起来摸到这里的乡卫生院一直输液到天亮。憔悴地挪动着步子回到住处，发现窗台上放了一小罐幸运星和一串千只鹤，顿时滚烫的眼泪流向刚刚退烧的脸颊。那一天，9月10号，教师节。

后来我教高一两个班的语文，已经喜欢上了和可爱的学生共同领悟国语恒久的魅力，感受文学神秘的诱惑。

中午有师弟打来电话，要我给他是否选择支教保研提点建议。我说如果你只想读研，那么我建议你不要走这条路，况且离考研还有几个月，有足够的时间准备。不知道这样回答是否令他满意。

　　写累了，出去走了两步，感到秋已明显凉了。虫儿为逃离冰冷的月光都躲进了穴里，只用绵软无力的唧唧鸣叫证明着自身的存在。回来看看表，已是凌晨三点多，决意不再写下去，因为明天还有五节课要讲。但喝了几杯浓茶，现在没有丝毫的睡意，于是又翻开了语文课本。明天给学生讲《荷塘月色》。

　　夜深了，我在大别山备课。

　　2004 年 10 月 6 日深夜，于新县八里畈综合高中。

▲大别山初冬落日

▲第6届研支团：千斤高中办公楼

第6届研支团：千斤高中校门▶

◀第6届研支团：千斤乡全景

▲ 第 6 届研支团成员参观祭奠许世友将军墓

▲ 第 6 届研支团成员在河南新县千
　　进行调研

▲ 第 6 届研支团成员在河南新县千斤乡
　　体验当地生活

第 6 届研支团成员摘抄 ▶
烈士遗著

第七届：教心山野　春水煎茶

前言：中国政法大学第七届研究生支教团诞生于 2005 年，王述炜、陈鑫、王鑫、蔡旭姣、孙书妍五位同学共同在河南新县千斤乡高中展开支教行动。新县支教记忆藏在每一个支教人心中的角落里，也许随着时间的流逝，回忆会布满灰尘。但将灰尘拂去时，那痕迹却依旧清晰可见。

生活像一盒巧克力糖
——写给我的学生们

陈鑫／文

　　我实在不知道，当你们的思维紧张地穿梭在纸与笔之间的时候，写这些旷远得如同大云间的雾霭般的文字，意义有多大。但是，我告诉自己应该写——三年前的某一天，在那个光线不明、寒意袭人的小屋里我就告诉过自己。今天，耳听着窗外北京三环的汽车喧嚣，我仍然这样告诉自己。我想，等到这封信和不久前我们的合影一起传递到你们手里，我关于千斤的记忆也将随之尘封，因为对你们的牵挂会随高中后你们的远行而星星点点地散落八方，我也就此失去了回到那里的理由。

　　说实话，这次回去之前，我也没有很清楚地想好回去的理由。换句话说，我不知道我的归来能够带给你们什么，甚至担心没什么积极的意义，反倒影响到你们的备考。但我只知道，当年曾经答应过要回去，现在回去已是迟到的承诺履行，还有再过几十天，你们中的很多人就不在千斤了，我将很难将你们"一网打尽"，所以就回来了。现在，高考是你们面前最大的困难，我也曾经承受过这种煎熬。但是在千斤，面对你们殷切的眼神，我真的不知道如何回答你们的问题。因为想在短短的时间内有什么大的改变，我确实无能为力。

记得吗，我曾经试图在课上给你们放电影，第一选择就是《阿甘正传》，很遗憾最后没有遂愿。电影中有这么一句话：Life was like a box of chocolates. You never know what you're gonna get.（生活像一盒巧克力糖，你永远不知道下一颗是哪一种。）这可以看作是对整部电影精髓的精彩概括。赶巧的是，这次回去，给你们带了那么多徐福记的糖果，其实并没什么特别考虑。但是在整个的行程以及回来以后我的零星思考中，我都感到需要继续把各种"巧克力糖"送去给你们。我实在不知道生活中的糖和思维中的糖这莫名其妙的契合代表了什么，到底是偶然，还是注定？但是我坚信这些"思维的巧克力糖"是我应该带给你们的。因为我并不关注你们的高考结果，也许包括你们在内的很多人并不能理解。我所关注的是你们怎样走好未来的路，也就是除了高考这块巧克力糖，盒子里的那么多块儿，我们应该怎样去慢慢品味。

在美国，一盒巧克力通常有十二块或二十四块，每一块的口味、形状和颜色都有不同，包装上并没有标志。你只有拆开放在嘴里，品尝了之后才知道个中滋味。其实，生活何尝不是这样，尽管我们总是试图规划明天的事情，但是事情往往不是我们想象的那样，看似重要的事，也许转瞬即逝；看似微小的事，没准影响终生。走过了很多路，某一天你猛地回头，却发现曾经让你那么执着的目标，原来不过如此。达到了，并没怎样，没达到，地球仍在运转，生活依旧如常。

我给你们讲了我的遭遇，看得出来你们能够感同身受，和我一样兴奋异常。对于我来说，这个莫大的意外事件也许是二十六年以来最甜美的那块糖。可是你们可曾知道，当初我伸手去摸它出来的时候，是何等地随意？我向来不喜欢做事太过执着，把生活弄得风起云涌，也许平淡和安逸才是真正适合我的生活。我曾经一度觉得高考、支教、司法考试以及找工作这些事情会决定我的人生，后来当我真正经历，才发现无论得到还是错过，那种影响都是极其短暂的，你终将接受并习惯或得或失的结果。就像我们的班歌里唱的那样："有人哭有人笑，有人输有人老，到头来还不是一样……什么酒醒不了，什么痛忘不掉，向前走就不可能回头望。"

　　我的生活曾经离你们很远，在一个又一个精英团体中长大的我从未知道大山深处的你们在如何生活，直到有一天我发现了你们和你们的可爱。我开始慢慢地体会你们生活的艰辛和学业的困境。当我第一次知道你们的座椅只有窄窄的一条木板，当我看到你们每次拿到考卷时那懊恼的神情，当我知道多数同学在教室上课手上会长冻疮，当我听说哪个同学又离开了学校，我就决定一定要为你们做一些什么。可是，我一度为此感到无助，因为我不足以彻底改变你们的成绩。所以我选择教语文，因为我寄希望于在语文课上传递给你们某种信念、某种精神、某种态度——那可以是上台领奖时挺胸抬头的自信，可以是中秋佳节时遥想双亲的感恩，可以是辩论演讲时的敢于自我表达，可以是遭遇挫折时的永不言败，可以是摘抄本上一笔一划的精心呵护，可以是回归自然中拂雪拂花的淳朴天真，可以是对朋友情师生情的不离不弃，也可以是对待那些不可理喻的人或事的理解宽容。于是，在一年中我带着你们做了很多事，那些也许别的老师觉得不是正事的事。现在看来，这些对于你们是有意义的，我知道你们已经在同龄人中不逊于任何人，我可以很骄傲地说，你们是成功的，我也是成功的。

　　高中之前的学生生活几乎是以成绩作为衡量人的唯一标准，我们都有这样的感受。请相信我，未来这样的日子不会很多了。不久的将来，无论你们读大学，去工作，或者做任何事情，都会发现衡量人的是一系列综合的指标：思想素质、人格修养、处世能力、创新气魄、求实精神、兴趣特长，等等。你们每个人，都有机会找到属于自己的舞台，过上自己希冀的生活。在这条必漫长且不平坦的道路上，我想让你们记住这样三个词：第一，担当。一定要做一个有责任感的人，对自己负责，对别人负责，对每一件该负责的事情负责。第二，珍惜。千万不要放弃自己，放弃自己的希望，不要麻木地生活，要永远珍惜那些爱你的人。第三，善良。克制自己的欲望和情绪，永远不要做损人利己的事。这三个词并不能让你们成功，但是却可以给你们幸福。在成功和幸福之间，我会义无反顾地选择后者，这一点希望你们也能够认同。

和你们共度的一年，是我最开心的一年。生活上的不便并未对我的快乐产生任何影响，所以我从未把在千斤的日子当成是任务去完成。我可能已经后悔了继续读书，但却永远不后悔去支教的选择。你们知道的，在那里我圆了一个已经被彻底放弃的教师梦，同时我也体会到了曾一直向往着的无欲无求的生活。可是，这样的日子不会再有了，所以这次在千斤我重走了每一个曾经流连的角落。此地犹在，此人犹在，那么此情犹在。

我愿意做那扇让你们不绝望的窗，我愿意给你们让你们不受伤的爱。我坚信你们会离开大山，闯出自己的路。我们必将手捧着各自幸福甜美的巧克力糖相约在未来，而我，已经准备好了去用心品尝……

2008 年 4 月 29 日

边走边唱

王述炜 / 文

太阳每天都是新的，生活总在不断变化。

回想起来，曾几何时，自己还是菁菁校园中的一份子，而今，将要站在三尺讲台上为人师表了，心中不免有几分悸动。教书育人无疑是不轻松的，忙碌甚至艰辛应当说是支教工作的题中应有之义。我只是要求自己不断地做得更好，不求尽如人意，但求无愧我心。

生活是忙碌的，但意识却不能因此而迷失方向；工作是艰辛的，但心态却不能因此而负重前行。一言以蔽之，学会调整自己的心态。一直很欣赏张爱玲的一句话，生命是"一袭华美的袍，上面爬满了虱子"。我想，生活也是如此这般的，在痛苦的底色中捕捉一丝丝快乐的光亮，这便是生活的本质和意义所在。于是，正因了这种心态，不如意事十之八九，你仍可以昂起高贵的头颅阔步前行；也因了这种心态，身处名利场中，你仍可以得失不惊，宠辱偕忘，一心书写自己的快意人生。

毋庸讳言，支教亦如斯。我无意粉饰什么，这一年的艰辛不易自不待言，然而如何在艰辛不易中获得工作的成功和生活的快乐，这是我必须面对和思考的问题。我想，拥有一个好的心态无疑是首要的。

离开了大城市的喧嚣，来亲近这小镇的僻静，这将是我心灵驿站的又一处洞天福地。这里没有大城市鳞次栉比的高楼，没有人头攒动的热闹，但那一派田园风光已经够我驻足留恋。茂林修竹，小桥流水，沙禽掠岸……这里是耐住寂寞，修炼孤独的绝佳去处。古人云："小隐隐于野，中隐隐于市，大隐隐于朝。"大隐的仙风道骨我是没有的，然而，即便如此，耳边少了些浮华和聒噪，退可独善其身，进能传教他人。闲暇之时不妨效仿小隐闲云野鹤，寄情山水，恬淡若此，内心真可以偷着乐了。于是，虽然这一年的支教少不了辛酸苦辣，但自己却仍可以用心去体会其中深蕴的快乐和真实，去感悟这一年将带给我的简单和跌宕。

　　而我更加明白的是，生活虽然忙碌，但只要善于发掘，总是不缺乏快乐和欣喜的。华灯初上的时候，你可以伫立窗前，看那深邃的天幕和含黛的远山，静静地品味独处的妙处。周末，没有了上课的紧迫感，饱睡之后，你可以独自静坐，呷一口香醇的茶茗，任凭思绪信马由缰，感觉格外惬意。微雨的午后，和好友一道，不带伞，漫步在八里桥头，桥下潺潺流水，虽时值初冬，但河边的草滩仍绿意不减。独立小桥风满袖，"沾衣欲湿杏花雨，吹面不寒杨柳风"，任凭那雨的精灵顽皮地抚摸脸颊，你只须径自去感悟、去亲近大自然的和谐美。此亦不失为人生快事。

　　凡此种种，点点滴滴，无不点缀着繁忙的支教生活，朗润着偶感疲惫的心，让日子多了一抹空灵的色彩。于是，支教多了些轻灵，多了些诗意，平淡中现出新奇，跌宕中又现出简单和率真。

　　这一路风景，边走边唱，走过的是艰辛和磨砺，唱过的是无悔和豪情。

　　但愿若干年后，蓦然回首，这里沉淀的是一段流金岁月！

　　【后记】这篇小文写于 2005 年，光阴流徙，不觉之间，七年已过。如今再次手读，依然能想见当初的心境，那番澎湃，那种悸动。因为，可能，只此一次，所以常常怀念；又因为，正如，薪火相传，于是满怀期待。若干年后，这些文字仍然能代表我此刻对支教生活的感受。几经思索，索性不作只字改动，也顾不上可能的浅陋，径直拿出来与大家分享吧！

敬爱的陈老师：

　　您好！

　　很高兴你在百忙之中阅读我的来信，说实话，自从进入大学之后很想与你交流一下，可是很多时候便忙于琐事，而后便忘起，这次我鼓足勇气之后，便立刻动笔，一年多没写信，写起来便找到了一种未有过的感觉。平时，几乎只发信，便是我们交流的方式。我觉得写信比较好，上次在校友录中你说手机丢了，所以到现在也没有联系了。老师，生活，工作都还好吗？

　　来到大学快一年，自己很多方面得到升华。像你上大学时，是否无聊，想家，就像我感觉我身边的同学他们大部分都是吃了睡，睡了吃，特别周末，睡觉，夜市成为主要打发时间的方式，我知道在我们这种学校当中也是很常见的，高职院校培养的学生将来大部分进到厂工作，我们将在大二上学期到南方工厂进行半年的实习，我常常在想为什么我们学校的学生与很多院校的学生不同呢？我曾到新乡，郑州一些大学看过，结果，我认为环境的好坏对于一个人的影响很大，明显，我们学校的学生显得有些不理智，不成熟，或无所事事，反而，消费高成为他们的强项，与那种大学生所具备的能力，时，劲儿相差甚，不知道什么原因而使他们成为这样

▲ 第7届研支团学生来信

第八届：支教八里　青春记忆

前言：2006 年，中国政法大学第八届研究生支教团正式成立。由王广、姜玉琴、刘慧慧和李晓杨组成的研支团主要服务于河南省信阳市新县八里畈综合高中。如果说，在地图上，北京距离新县有 1030 公里，那么在心灵上，北京和新县又有多少距离？

有关八里的再回忆

王 广 / 文

我离开支教的新县八里中学已经两年了，两个月前回去看了自己曾经教过的学生。他们现在已经结束了高考，正在等待成绩公布。而今年恰逢中国政法大学研究生支教团成立的十周年纪念。于是我写下这篇"有关八里的再回忆"。

支教的地方叫八里

周杰伦有一首歌叫《七里香》，我们支教的地方似乎离他歌声里描绘的地方不远，这是一个叫八里畈的小镇。还记得 2006 年 8 月 25 日那个夏日闷热的午后，我们中国政法大学第八届支教团一行四人，第一次走进这个叫作八里畈的小镇，走进我们将要生活、工作一年的八里畈中学。八里畈中学在小镇上最繁华的街上，但是，所谓繁华也不过是多几家商店和餐馆。小镇离新县有四十多分钟的车程，没有公交车，只有招揽生意的面包车，每人花上五块钱就能赶到县城。八里畈综合高中是新县仅有的两所地处乡里的高中之一，每年只能招到很少的学生，因为大部分的学生都被县里的高中招收，所以这里的学生大部分中考成绩都排在全县的1500名之外，生源水平可想而知。全校一共有五十多个老师，每年只有十几个学生能考上本科学校。不知道是不是因为没有污染，这里的蚊虫格外的多，也格外的大，夜色中可以看见成群的小虫围着学校的路灯不停地飞舞。巨大的飞蛾在晚上会不断地冲撞屋子的纱窗，等到天明的时候上面留下一些明显的虫卵。

我们四个人，我和慧慧被安排在高一年级，晓杨和玉琴则被安排在高二年级。对于我们来说，当老师是一次全新的体验。陌生的环境，陌生的同事，陌生的学生，陌生的工作。这里的一切都需要我们去摸索，去实践。于是有了我们在寝室的集体备课，有了我们向老教师的虚心请教，有了初入课堂的尴尬和紧张，也有了被调皮的学生惹生气时的委屈。我们在一点点地努力，一点点地适应，一点点地完成从学生到老师的转变。渐渐地，我们从教学上摸不到门路，到参加学校的新教师公开课汇报；从上课时的手忙脚乱，到传授知识时的游刃有余；从每日单调的上课下课，到更多地参与社会实践，更多地传播志愿精神。

这样的变化就发生在八里——我们支教的地方。

八里的水与电

八里有一条小河，我们每天喝的水都是从这条河中抽取然后经过自来水厂的简单过滤。初来这里的时候，我们实在是不习惯，因为河水过滤得不是很干净，水烧开后在杯底会发现一些残留的矿物质。并且这水的"减肥"效果确实不错，里面的矿物质含量丰富，刚开始的几天喝下去肠胃立马就会有反应。冬天的时候更是可怜，冬季是这里的枯水期，小河的水位下降，自来水厂每天只能定点供水，从水管里流出来的也往往是伴着不明红色杂质的液体。所以我们只能从距离学校几百米的一口井里取水，每天都要从井里打上十几桶，这样才能满足我们的正常生活。井里打上来的水也不能马上使用，还要放在桶里慢慢地沉淀，然后才能烧开使用。我们以前从来没有用过辘轳打水，所以那场面可想而知：我们站在井台上止不住地紧张，不敢往下看，生怕眼镜会掉进井里，往上提的时候也不会用力，狼狈不堪。后来好在一场及时的冬雨，缓解了我们一个星期的旱情。

八里没有公共浴室，这可苦了我们。夏天的时候还好，可以简单地用凉水冲洗一下，冬季在没有暖气的房间洗澡实在是一件考验身体素质的事情。于是就有了我们在每个星期六坐车到县城洗澡的特殊旅程。因为学校每个星期只会在星期六的下午放假，所以这个时候我们提着洗漱用品坐上面包车，花上一下午的时间去县里洗澡，然后在晚自习之前匆忙赶回学校上课。

乡村的电网极其不稳定，突然停电是这里的常事。有时候突然就会出现全镇规模的停电，这里的学生书桌里长期备有蜡烛，一旦停电就把蜡烛点燃继续看书、上自习。第一次看到这样的情形，我深深地被这里的学生的刻苦努力所震撼。在漆黑的教室里，点点烛光掩映着学生的面庞，在这黑暗中给人带来温馨的希望。最难忘的，是冬季的一次大停电。这次停电是因为学校的总变压器不堪重负被烧毁，整个学校陷入一片漆黑。八里的冬季潮湿而阴冷，屋里又没有暖气，室内室外几乎是一个温度。平日我们几个每天都要靠着电热毯取暖才能入睡，可现在突然的停电让电热毯也没了用武之地。我们把最厚的衣服穿上，然后用被子把自己裹得严严实实，但还是会感觉到从脚边袭来的阵阵凉气。最后不知道过了多久才渐渐地睡了过去。就这样一直持续到第二天的下午三点多，我们才重新迎来了有电的光明。

八里的夜空

八里的生活是平淡的。我们每日重复着简单却不缺乏意义的生活。这里的学生都是那样地单纯，他们会在你上课提问时露出害羞的笑，也会怯生生地敲你的房门来邀请你参加他们的新春联欢。这里的老师都是那样地热情，他们会在我们的煤气罐用完的时候邀请我们去家里吃饭，也会在平日里帮助我们修改教案。这里没有大城市的繁华喧嚣，这里的生活清苦平静。但是这里拥有淡绿色的成片的茶山，望不到边际的黄色的油菜花，没有污染的、清新的空气和美丽而灿烂的星空。

这里的星空是璀璨的。在大城市我们习惯了灰蒙蒙的天，也不会去在意头顶上几颗零落的星，就更不能产生如康德一样对于星空的无比赞叹。但在这里，每当夜色降临，呈现在苍穹的是一片灿烂的星河。每当你抬头仰望，就会不由地生出想要融化进这片星河的感觉。这里的星让你不再感觉到身在异乡的孤冷，这里的星让你觉得温暖而安定，这里的星让你的心不再烦躁和不安，这里的星让你认真地思考生活、思考人生。

记忆中的八里藏在我们每一个支教人心中的某个角落。也许随着时间的流逝，这份回忆会布满灰尘。但将灰尘拂去时，那痕迹却依旧清晰可见。因为那是我们用青春去体会、去奉献、去学习、去感动、去进取的一年。此时的我坐在小月河畔，想起自己教过的学生已经结束高考正在等待成绩。此刻的北京星星很少，但可喜的是北京和千里之外的八里拥有同样的一轮明月。

关于我，关于八里畈

李晓杨 / 文

"用一年不长的时间，做一件终生难忘的事。"就在我一年支教生涯即将结束的时候，这句话又一次浮现在我的脑海里。这是 2006 年夏天共青团中央杨悦书记在上海为我们第八届研究生支教团送行时对我们支教同学的勉励。弹指一挥间，一年的时间即将结束了。带着一种复杂的心情把这一年的所见、所闻、所想用文字记录下来。

初到大别山

2006 年 6 月 24 日结束了在上海的培训学习，踏上了开往信阳的火车。下了火车我们便立刻赶往支教服务地——新县八里畈。新县地处鄂、豫交界地带，位于大别山区。"大别山"的名字在记忆中总是与革命、红军有关，而从这一刻开始，我的生活将和它发生联系。大别山以她的美丽第一秒钟就吸引了我：绵延起伏的山峦在眼前划过，清澈的小河顺着山峦和蜿蜒的公路静静地流淌，小河中嬉戏的鸭子，公路边溜达觅食的小鸡、狗、大黑猪……让我们忽然想到了——真是"和谐社会"无处不在！

司机告诉我们翻过前面的山就是我们要到的八里畈了。前面几座山？我顺着这蜿蜒的山路想要尽早一睹八里畈的芳容，可是发现山的那边还是山……一路说笑，有着青山绿水作伴，很快我们就看到了一个大牌坊："中原第一茶乡"。拐进一条更窄的公路，就快到八里畈了。小河陪着我们一路前行一直陪到了学校——八里畈综合高中，学校的后面有一座大山，镇子就在山坳里，这就是八里畈，据说因为这里条件太艰苦，我们是到这里支教的第一批女学生。山坳里没有了响个不停的大喇叭，没有了刺鼻的尾气和闪烁的霓虹灯，只有安静的大山，潺潺的小河，天空的飞鸟。这里远离亲人和朋友，远离城市，一年的支教生活让我憧憬。

我们是山里人

同学发短信询问近况，我们现在已经习惯说："我在山里呐！呵呵呵！"大山里的生活比起城市显得清苦了许多，可我们四个倒是乐在其中。据说八里畈高中是县里条件最艰苦的高中，所以团中央从保护女同学的角度出发从未往八里畈派遣过女同学。而我们就算是第一届到八里支教的"异性"了。这里的生活条件比想象中要好，因为我们住进了学校刚建成的教师公寓，有电，还有自来水。第一天就让我们三个女生认识到了"山里人"不是好做的，因为公寓没人住所以成了其他生物的安身之处。夜幕降临，它们都出来给我们这三个新邻居道喜：蛐蛐、各种不认识的飞蛾、螳螂、瓢虫……还有乱七八糟的我们叫不出名的虫子。"二十几年没见过的虫子今天都打过招呼了！"三个叽里呱啦的女生实在无法和蛐蛐同床共枕，于是"人虫大战"在所难免……

对于山里生活上的不便我们早有心理准备。虽然有自来水的供应，可是供应时间是有限制的，而且还受天气状况影响。比如天干、大雨后，水管要么没水要么就是泥水，所以我们有一个硕大的水桶用于储水，以备不测。因为这里停水的频率是无法估计的。停水的时候我们四个就带上家里所有能用的储水工具在镇里找能用的井水。晚上停电也是习以为常了，蜡烛、火柴是学校师生的必备品，停电了班长会给同学们点上蜡烛，大家安静地上着自习，老师也会提醒同学们注意安全。

我们很快适应了山里的生活。每两天一次集市，我们会买好两天的蔬菜；随时让我们的大水桶喝饱，蜡烛就在顺手的抽屉里；在阴冷的冬天要注意东西的干燥，因为它们一不小心就会发霉。

生活上的不便对我们来说算不上什么，我们都一一克服了。我们也能说："我们也是山里人啦！"

三尺讲台，我和同学们一起成长

夸美纽斯说："教师是太阳底下最光辉的职业。"支教让我有机会去感受这份最光辉的职业。从第一次走上讲台："Good morning teacher!""Good morning everybody!"

每天的早晨就在这样的问候中开始。我被分配到高二年级带英语。高中英语学习并不容易，而且在我拿到教材的第一天，英语教研组长就给我打了预防针："农村学生英语基础差，越学越不想学啊。"对于农村学生的英语学习情况其实我已经有准备了。针对学生具体的学习特点，在和老教师的交流中慢慢摸索。首先是如何激发学生们学习英语的兴趣。我发现这里的学生都很爱唱歌，于是找了一些经典而简单的英文歌曲，放给同学们听，并且教大家唱。为了学会歌曲学生们不得不去把曾经讨厌的英文歌词抄下来背下来，还要模仿发音。农村的学生在课堂上不爱发言，要让他们说英文就更困难了。于是我借鉴了 Crazy English 的教学方法，利用自习课时间向大家介绍一些简单、易学、容易上口的日常用语。由于句子短小简单又很实用，学生们渐渐发现说英语首先是要一个"勇"字，于是一部分学生敢在课堂上开口说英语了。为了增加同学们对英语学习的兴趣，增加对英美文化的了解，在课堂之外，我向大家介绍英美节日的知识、学校生活、有趣的地理知识。比如在万圣节的时候给大家讲南瓜；在圣诞节给大家讲圣诞老人、唱圣诞歌曲、给大家讲关于"热狗"的故事……

很多学生对于学习始终无法全身心地投入。于是我找机会和一些学生聊天，鼓励他们慢慢地正确认识并克服学习障碍。这时我发现在大学期间的心理学知识也派上了用场。我逐渐消除了师生的某些交流隔阂，让学生从心理上愿意和老师交流，树立了让学生去学习的信心。

支教让我的角色从学生变成了老师。所谓"为人师表"，如何才能扮演好教师这个角色？在和学生的相处中我慢慢地摸索、思考；在老教师的身上我更深地理解了"循循善诱"这一方法；从一些学生身上我对"坚强、毅力"有了更深的体会。当我遇见一位在山里独自坚守了38年的老教师的时候，我们四个深深地为他鞠上了一躬，他让我们理解了什么是"守望"。

学生们对我说，是我们让他们知道了发生在山外的故事，知道了外国人的生活。他们要感谢我们，也想像我们一样能够上大学再上研究生，也想要到北京去。其实，他们带给我的东西也很多，我要怎么样谢谢这群孩子呢？谢谢你们，我们在一起成长！我收获满满的……

一年，真的好短。从到八里的第一天，我就在思索我可以带给这里的学生什么？后来我告诉自己：尽力。尽力地去做，用心付出，至少未来的某一天我不会后悔，所以我留在八里畈的遗憾是最少的。而到了今天，翻开我的支教日记：我曾经信心满满想要大展拳脚，曾经困惑地觉得自己面对孩子们其实是那么无能为力，曾经因为面对现实的无奈而心灰意冷想要放弃，曾经和孩子们一起涂鸦般描绘着我们的未来……

我不会忘记在春天时学生为我送来的兰草花，那是山里才有的；我不会忘记学生在冬天的时候给我写的一张小字条："老师我们这里很冷啊！"那是当老师被孩子关心时的感动；我不会忘记那次我嗓子哑了的时候上课，平时上课最爱讲小话的学生竟也安静地一句话不说。

一点点地收拾起这一年的心情，生怕漏掉了什么。我的心满满的……要离开的时候发现自己平时都忘了感谢——感谢我的学生和这里的同事，感谢大别山，你们让我成长。我会带着满满的收获，回到学校开始我新的生活。

【后记】三月，地里的油菜花儿又开了；四月，山里的映山红一定也跟往年一样的灿烂；同学们也一定在讲台上放了一簇兰草……离开八里畈将近一年了，回到北京，每天的生活被学习或是各种各样的琐事填满，没有了四人围坐闲谈、漫步小河数着油菜花的日子。去年离开八里的时候答应了在同学们毕业前一定会去看望大家。可是惭愧的是至今未能成行，最近常常收到同学们问候的短信，心里也总是有些忐忑。同学们就要高考了，最后一定要祝福他们，因为对于他们而言，高考或许就能改变他们的一生。

▲ 第8届研支团：校领导赴河南新县慰问研支团成员

▲ 第 8 届研支团成员备课

▲ 第 8 届研支团成员批改作业 1

▲ 第 8 届研支团成员合影

▲ 第 8 届研支团成员批改作业 2

▲ 第 8 届研支团成员河南分队合影

第九届：不悔付出　难忘新县

前言：中国政法大学第九届研究生支教团由王长瑞、杜会峰、李佳凝、励小康、江睿五人共同组成，2007年9月正式在河南省信阳市新县职业高中进行为期一年的支教工作。从2007年处暑到2008年夏至，一个又一个节气走过，而当这一年真正要过去的时候，才明白有太多的东西值得去记忆、记录、纪念。

不悔付出　珍视收获
——给曾经的支教生活

李佳凝／文

尽管已经过去五个多年头，人生也进入了新的轨迹，但那一年的酸甜苦辣、喜乐悲欢仍旧像是发生在昨日，并未走远，成了我记忆的珍藏。还记得我在支教保研面试的时候，曾在黑板上写下这样一句话，"佳木十年蔚成林，凝心一颗教为民"。直到现在，我还能感受到当时的豪情，可走过之后，才真的体会到，支教不仅是付出，更是一种收获。

2007年7月本科毕业后，我有幸与其他四名同学一起参加了我校的第九届研究生支教团，在河南省信阳市新县职业高中进行了为期一年的支教工作。我被分配在高一年级，任教科目是政治，同时还担任着班主任的工作。

支教的工作，特别是班主任的工作对我来说是完全陌生的。面对与自己相差五六岁的学生，我似乎很难表现出一副严肃的样子，又想起自己的中学时光，就更希望能够与他们从朋友做起，通过心与心之间的交流，来帮助他们成长。职高的学生们一般基础相对较差，需要老师有耐心和信心，来鼓励他们；高一的学生正处在成长的阶段，特别是很多留守儿童，会遇到各种陌生的情况，却缺少一定的指导，就更需要老师有细心和诚心，来开导他们。现在回想起来，这一年的工作，特别是自己做班主任的时候，有过很多想法，想多给他们讲外面的世界，给他们讲未来各种的可能，开拓他们的思路，鼓励他们成长，想着哪怕只有一点点改变也是好的。但是作为一名刚毕业的大学生，我确实缺少经验，缺少在计划挫败后的及时改变，缺少在遭遇困难后的镇静应对，每每心急却不知如何是好，同时也有过心灰意冷的感觉。现在总是在想如果那时再耐心一点，或许我能做得更好。

支教的生活，特别是课余的生活对我来说是非常有意思的。新县是许世友将军的老家，地处太行山脉，县城里有河流经过，是一个山清水秀的好地方。职高校园也很大，记忆最深的是有一池碧莲，夏日里总让人心旷神怡。平日里除了工作之外，我们同去的几个人也会一起聊天、逛街，看看这个生命航线上的港口。第二个学期的时候，每到周末还会有学生到我们的住处跟我们一起玩，聊聊天，做做游戏，放松一下紧张的心情，日子过得很是惬意。

支教的记忆，特别是教师的角色对我来说是有极大激励作用的。毕竟对于任何一种社会角色，如果你没有亲身去经历，别人说得再多也只是一个想象。我总是想在年轻的时候去经历不同的生活，因此，对我而言，支教的经历更是显得珍贵无比。做了一年老师，才深深体会到作为老师的各种不容易。还记得上班第一周，在讲了六个班的课之后，我的嗓子终于说不出话了。做班主任的时候，面对期中考试时全班没有一个人及格的窘况，我才终于明白任务的艰巨。就是这样点点滴滴的经历，让我明白，其实曾经那些自以为的苦难都不算什么，我可以做得更好。换个角色，换个角度，体会不同的生活，才能更深地理解生活的意义。支教任务虽然已经结束了，但是和同事、学生之间的感情却一直温暖着我，授业解惑的经历一直激励着我，每一个阶段都希望能全力以赴做最好的自己，每一个阶段也都应该做用心体会生活的自己。

常常出现在梦境的支教生活，常常给我留言的学生、朋友，是我珍藏的回忆，更是我生活的甜蜜，伴我前进，给我力量。

59 分

杜会峰 / 文

教师之所以被人尊敬，也许并不是因为他教给别人二加二等于四，而仅仅是因为他选择了教师这个高尚的职业。

——《鼠疫》

我是一个感性的人，却向往着理性，所以我的内心总是充满着矛盾。在即将离开职高的日子里，我选择了将情感收藏起来，就像贮藏起一罐蜂蜜，在日后苦涩的日子里，冲一杯温水，在淡淡的清香中细细去品味。而今天我所记录的是支教生活中的些许碎片，几点疑惑，一点思考！

——题记

在大学里，59分意味着一门课程的不及格以及重修，可能意味着所有评优资格的丧失，更甚者还可能意味着一个人毕业后无法领取自己的毕业证！

然而对于我的支教生涯来说，59分已不再只是一个简单的分数值，它代表着对我一年支教工作的评价与总结；它标志着一种生活方式的结束，昭示着一个新的开始。这59分里有我的感伤、困惑、思考、懦弱，更多的是自责与愧疚！

（一）

小时候，自己体弱多病，经常吃药打点滴，但吃药过程中却不是那么和谐。先是父母想方设法地哄骗；如若不成，免不了付诸暴力；更甚者，全家总动员：妈妈抱着我，哥哥在旁边端着药，爸爸用手强行把药灌下去，而我却在母亲怀中苦苦挣扎……

　　在职高的这些日子里，浮现在我脑海里次数最多的便是儿时父母给我喂药时的场景。今天的我将教科书上的知识梳理成知识的"药片"，或打或骂，或哄或骗，希望学生可以接受、掌握。上课的气氛犹如父母喂我吃药时的情形。但结果却事与愿违，再多的努力换来的依旧是学生的我行我素，有时甚至因相互间的不理解而产生冲突。殊不知教师只是学习的引导者，学生才是学习的真正主体。

　　现在的我明白了父母当时的焦虑和苦心，我不知道学生什么时候才能明白老师的用心良苦？我不知道有一天当他们有所觉悟时会不会太晚，他们是否会因为浪费曾经的机会而后悔？

（二）

　　我侄子今年四岁，上幼儿园小班，嫂子在送他上学对老师嘱咐说："学什么无所谓，关键要孩子注意安全，千万别出事……"

（三）

　　寒假回家，邻居有一天来串门，面显忧色，便问他家里出了什么事，他说没什么大事，孩子的成绩不太理想，我便开导他："孩子还小何必现在就在乎成绩呢？以后还有机会。"邻居解释说："我担心的不是他现在的成绩，只是怕他日后如果成绩依旧不如别人，长此以往会形成技不如人的二流意识……"邻居走后，我被他的细心和高瞻远瞩所感动！

　　学习是一个广义而非狭义的概念，对于一名学生，学习并不单纯是掌握教科书上的东西！如何提高自己的自治能力，如何与老师、学生相处，如何养成良好的习惯，如何为自己的未来提升自身的素质……这一切都是一个学习、积累的过程！面对日益严峻的社会竞争，学习也许应该成为每一个人的一种生活习惯。

　　古人说过："师者，所以传道授业解惑也。"我认为三者之中传道为重，解惑次之，授业第三。所谓传道是指传播做人的道理，"十年树木，百年树人"，做学问首先要学会做人。这就要求教师需要具备一定的职业素质和道德修养（身正为师，德高为范）。而解惑主要是为学生排忧解难，解答学生的疑惑。在支教的一年里学生对我说得最多的一句话便是："我们也想学好，但我们不知道现在该干什么？"然而对于这个问题我却一直没有找到合适的答案。至于授业则是一名教师的最低职业要求，如果他不认真备课讲课，肆意敷衍，那么他就配不上"人民教师"这个称号。

我希望一名教师能够在做好"授业"的本职工作的同时，花更多的时间和精力去了解学生，注意他们的心理问题，更为美好的是能够在"授业""解惑"的过程中去"传道"！

（四）

2008年3月15日福建省武平县实验中学发生一起血案：一名十七岁的初三学生将同班一女生残忍杀害后分尸。这件事深深震撼了我，但更让我瞠目结舌的是这名学生在作案后的冷静和天真。

我所教的学生是一个特殊的群体，他们没经过中考就直接到高中学习（"春招班"），跟报道的当事人有着相似的经历、相同的年龄、共同的爱好。他们都出生于90年代（90后的群体特征：好奇心强，知识面广，追求时尚，张扬个性，但缺乏社会责任感，抗挫折能力差）；他们都迷恋上网使用火星文——一种由错别字、符号、相似字等组成的字体；他们的偶像大多是流行明星；他们都喜欢"非主流"的打扮（穿垮裤、造型夸张的发型、打耳洞）；他们善于网络表达（QQ空间）、喜欢网络游戏（大多充满杀人、暴力情节）；他们有着强烈的维权意识；他们都喜欢看玄幻武侠、恐怖小说……

而这些不可回避的现实情况给每一名教师提出了更高的要求，传统的教学观念、教学手段、教学内容已不能适应形势的需要。在新时期，师生关系发生了很大变化，一方面教师已经丧失了过去对知识的垄断权，不再是学生心目中全知全能的偶像；另一方面教师和学生面临着双向选择，如何在粗制滥造的书籍市场为学生挑选适宜的图书，如何利用现代通信技术加强与学生的交流和沟通，建立新型和谐的师生关系，如何正确引导学生的维权意识和个性发展，如何教会学生合理有效利用网络……这一切是每一所学校、每一名教师需要认真对待和思考的问题。

后 记

已经好久没有坐在电脑桌前用文字来记录自己的心情了。一则因为自己在回想一些事情时容易融入一些幻想而走向极端，沉迷于矫情、伤感而消沉；二则每逢自己努力去叙说、阐述一些想法时往往词不达意、思维混乱，到最后只会使自己的认识越来越模糊。钱钟书先生说过，年轻的时候我们过多地把创作冲动当作是创作才能。在即将离开职高的日子里，我一直在想是否应该写下一些东西作为自己曾经飞过的痕迹，我只能说我进行的只是一种尝试。

十月，当我再次以学生的身份走进校园时，也许我会想起在职高度过的那段时光，想起我曾经的同事，想念我曾经的学生，我们之间相同的是时间，不同的只是空间。

最后用一句话作为我支教生活的结语：

如期而至的不只是离别，还有幸福和快乐；

与日俱增的不只是年龄，还有历练和经验。

2008 年 5 月 19 日于日光灯下

亦有风雨亦有晴

励小康 / 文

> 我是一个相信缘分的人，从江南水乡到北京再辗转到中原腹地，无一不证明着我和新县，我和职高，我和我的学生有着一种冥冥之中的缘分。对于这份缘，我只能珍惜，再珍惜……
>
> ——题记

眨眼间，我的支教生活即将接近尾声。感觉一切都还没有开始，就已经走向结束。人生确实如梦，让还在梦中未醒的我用回忆来纪念这即将逝去的一年……

来新县之前，我是一个大孩子，很任性很稚嫩。在爸爸妈妈的千叮咛万嘱咐之下才坐上远行的车，开始我的支教之旅。我幻想着，也许，这一年能让我完成美丽的蜕变。大别山下的世外桃源让我陶醉让我动心。喜欢层层叠叠的山峦，喜欢温柔平静的河水，喜欢清新淡雅的空气，喜欢这里的一切一切。刚刚远离城市的喧嚣，远离心境的嘈杂，远离现实的羁绊，来到这个梦一样的地方，让我激动，让我沉浸，让我释然。

第一次站上讲台，第一次学着大人的口吻说话，第一次有了自己的学生，我儿时的梦想在这瞬间成为现实。讲台下是眼神的海洋，我犹如一条刚出海的鱼穿梭在波光粼粼的水花中。那些闪烁着阳光和星星的眸子，让我有了远离家乡的温暖和感动，还有力量。我想，我应该能以知识、热情和责任回馈我所爱的每一个学生。认真备课、上课、听课、改作业、找学生谈话、在被窝里哭泣、在班上哭泣、被学生气哭、欲哭无泪、坦然地接受事实、改变自己……这就是我初为人师的轨迹，也是我慢慢长大的轨迹。

第一次英语测试完，看着那些令人触目惊心的在流血的分数，看着一百多双等待责备的惶恐的眼睛，我深深地陷入自责之中。难道是我，难道是我让那些跳跃的精灵迷失在美丽的哀愁之中？难道是我，难道是我驱散了那些眸子里灿烂的阳光？

"老师，我做梦都想学好英语，可是我基础太差……""老师，英语好难，您能否多抽出一些时间陪我们一起学习？""老师，我跟不上您的课，您能否给我补补课？""老师，我对自己已经失望了，不用管我……""老师，……"

几乎是噙着泪水读完所有学生写的反思，那些稚嫩的文字，真诚的倾诉让我的心情久久无法平静。原来，原来我背负着那么多的期望和梦想；原来，原来我承载着如此厚重的未来和明天。我，我，我该怎么办？

于是我开始给两个班的学生补课，利用晚上的第三节晚自习陪着我所呵护的小孩们读单词、背课文、写作文……每当披着满天的星星，带着些许满足的微笑，乘着沁人的晚风走在回家的路上，我在想，明天，明天肯定是个晴天！

也曾对着学生发过火。忍受不了我所爱的学生对自己的放弃，忍受不了我的花样少年纵情浪费青春，忍受不了他们对自己的残忍。我终于，终于爆发了心中休眠已久的火山，眼泪像喷泉一样喷射出来，把我的期望、失望、绝望还有我的委屈一览无遗地暴露在我这一年最亲最爱最在乎的学生面前。

接着就是从学生那飞来的如雪片般的道歉信、检讨信、慰问信，塞满了我办公桌的各个角落，也塞满了我那被掏空的心。一个人不知所措地走在校园的路上，看着那些学生熟悉、跳跃、灵动、清瘦的背影，不由心生怜悯，心生懊悔。他们也还是孩子，他们也还没有长大，原谅他们吧，总有一天，他们会长大，会明白自己的任性，会理解我训斥背后的用心良苦。我愿意慢慢地等他们……

还记得在去年异常寒冷的十二月，我柔弱的身躯终抵不过中原的低温，持续地发烧时，是我的学生让我感受到春天的提前来临。他们的问候、关心和帮助让我找到了回家的感觉，他们就是我心中报春的燕子，他们用自己的纯朴和善良为我裁剪了一个世界上最早、最美、最绚烂的春天。

经常在梦里梦见学生。梦里，有时候我是老师，让不听话的男生出去拖地，让不听话的女生出去种棉花；有时候我是学生，和我的学生一起参加高考，每次都是我做不出题目，急得满头大汗，最后在交白卷的时候惊醒过来。曾梦见和全班同学一起在教室里无所顾忌地嗑瓜子；曾梦见讲台上不再是全白的粉笔，我每写一个字就换一种颜色，把黑板打扮得五彩斑斓。这些梦，点缀了我的支教生活，填补了我心中的酸甜苦辣，装扮了我二十三岁的青春。多么希望时间过得慢一点，再慢一点，让我和我的学生再多共度一点时间……

可是，一年就这么无声地过去了，在风风雨雨中留下的些许痕迹，让我一生留恋、回顾、品味。我二十三岁的青春，以这一年为证，我问心无愧。只愿我所爱的学生，健康成长前途光明……

▲ 第9届研支团成员合影

第十届：理想丰满 现实骨感

前言： 2008 年，中国政法大学第十届研究生支教团正式组建。其成员包括彭奕洪、李俊、马学军、王达非、陈拔群、熊元林、倪菁七人，于河南省信阳市新县职业高中展开支教工作。一年时光转瞬即逝，正所谓，春风化雨本无声，润进桃李一片情。播洒一载辛勤汗，惟愿桃李傲春风。

追梦

熊元林／文

当奥运圣火在鸟巢上空熊熊燃烧时，我却选择了离开⋯⋯

对于一直热爱奥运、参与奥运、奉献奥运的我来讲，此时奥运的激情和梦想正在演绎，北京正处于沸腾状态，而此时的我却面临着一个两难的抉择。是继续留在沸腾的北京作为一名奥运志愿者在奥运的舞台上点燃激情，传递梦想？还是前往沉寂的革命老区作为一名普通的支教志愿者走上三尺讲台去和淳朴的孩子们一起交流，一起学习？

因为奥运我选择了北京，从上大学以来，我就一直参加各种迎接奥运的活动，从参加 2007 年 "好运北京" 测试赛，到去年十二月去奥组委担任前期志愿者，再到 2008 年 8 月 6 日在八达岭长城参与火炬传递，8 月 8 日 20 点在举世瞩目的奥运会开幕式上担任看台互动指挥志愿者以及 8 月 18、19 日参与铁人三项志愿服务。这一路走来，我一直在追逐我的奥运梦想。当站在这个十字路口时，虽然有太多的不舍，但我最终选择了踏上南下的火车，开始了新的追梦旅程——支教。

8月21日至26日在上海师范大学参加为期一周的支教培训，还记得奥运会结束的那天晚上，我的同事从鸟巢发来短信说他现在正在鸟巢，问我在电视上能看到他吗？那一刻，我的心情如此地复杂，本来我也可以出现在奥运会闭幕式的现场，向我们身边的亲人、朋友发短信，问他们在电视上看到我没有，可是我现在只能在电视上看到我的同事们充满激情的指挥。当看完奥运会闭幕式，我的心情久久不能平静，在回宿舍的路上，看到路边的条幅上写着"到基层去、到西部去、到祖国最需要的地方去""用一年不长的时间做一件一辈子难忘的事情"。我细细地品味了这两句话，让我心情平静了许多。第二天晚上在上海师范大学礼堂观看了《志愿者》这部影片后，我的心灵很受震撼，对支教生活有了一个更加直观和深刻的认识，同时也更加坚定了自己的抉择。

8月27日早上，我们迎着晨曦，翻山越岭来到了我们的新家——新县。四周巍峨的大山，清澈见底的小河，醇厚的红色文化，淳朴的民风，热情好客的新县人，当然还有那酿了又酿的白云边……让我们在感叹之余深深地喜欢上了这个地方。当一个人徜徉在宁静的校园时，远离城市的喧嚣，也让自己静静，让灵魂能够跟上。当坐在办公室里，看到远处的孔子像，再远处的荷塘月色，杨柳依依，还有那绿绿的草坪，真是美丽的景色。

来到这里快一个月了，当我们穿着志愿者服装活跃在超市、商场、菜市场时，热情的新县人都会向我们友好地一笑。在学校领导和老师的指导和帮助下，我们也很快地适应了新的生活，融入到了新的集体中。还有那群淳朴的孩子们（暂且这么称呼他们吧，哈哈），每当见了面，总会很低声叫一句"老师好"，上课回答问题时，总害羞地低着头支支吾吾半天才说出答案。但每当在节日里，收到他们那一条条真挚的祝福短信时，我发现他们其实并不害羞……我的朋友们。

这里的山、这里的水，还有这里的朋友，开启了我新的追梦旅程。

支教半年

彭奕洪 / 文

我坐在机房的电脑前，下午放假，学校组织教工参加文体活动，晚上学校两百多名教师聚餐。当然接下来两天的时间，就是孩子们期盼已久的放假的时间了！

来大别山之前，朋友们曾经和我说，多写写日志，多思考、交流支教的感受，自己也设想了要做的很多事。到大别山里已经四个月了，却发现自己慢慢喜欢上了随心的状态，每次上网都不知道要写些什么，或许是这里的山水太好了（冬天太冷了除外，其它都 Perfect，国家卫生城市，很适合人居住！），很容易让人变懒，很容易让人什么都不想、什么都不做。站在年末，面对过去的一年，确实免不了感慨一番。

开始之前——毕业

特别喜欢王涌老师在 2007 年毕业典礼上的那篇致辞，"六月像一个舞台，啤酒、眼泪和电闪雷鸣是它的布景和音响。"整个六月就是在这样的背景下度过的。以前我从不相信男人会流眼泪，可当面对四年的感情、面对一起奋斗过的兄弟、面对可能一辈子的再见，就再也不需要用坚强来掩饰了。六月就在一种空荡荡的感觉中，送走了一拨拨的同学、朋友，欣喜的是在这接下来的半年里听到了大家一个又一个的好消息！

大别山

告别了大学生活，接下来的是一年平静的生活，自己的人生和大别山联系在一起了。来之前对这里的印象除了山还是山，从山的这头到那头得走好几个小时。四月份的踩点让我开始喜欢上这里，这的山山水水，风景如画。处于江淮流域、大别山里的新县不愧为豫南明珠，县城坐落在群山环绕中，一条河流穿城而过，县城的街道就是沿着河流布置的，一段一段的拦河大坝成阶梯状，县城中央地带河里总是蓄满水。漫步于河边，抚着旁边的石柱，望着对岸的风景，时常觉得是在逛颐和园。周末、晚上、饭后在县城散步成为我们不错的选择。

教书

教书当然是我们的主要职责了，说句实话，现在中部地区县城一级高中师资应该都比较丰富，我们所在的学校也一样，因此我们每个人分的课时较少，大部分都是带两个班的政治、历史课程，一般每周十节课左右。我带的是高一两个班的历史。

教书的最大乐趣就在于用自己的方式、语言和风格让别人学到知识，老师最大的幸福就是看到学生茅塞顿开的样子！孩子们学习基础较差，怎么样提升他们对学习的热情和积极性？那就得让他们先喜欢上老师，进而才能喜欢这门学科；这个年龄段的孩子爱闹，这需要老师灵活地调控课堂气氛，对于他们来说更能接受的是快乐学习。一直觉得自己有时太严肃了，可在与孩子们相处的日子自己似乎也幽默了起来。和八九点钟的太阳待在一起，自己也从十一二点回到八九点啦，从开始课前的忐忑到现在把每节课都当作一种享受，这就是做小老师的幸福。

孩子们

不仅风景好，大别山里的人也很好，热情、友善！酿了又酿的白云边就像他们的主人一样热情地招待我们！而这里的学生也总是带有那么一点点羞涩的纯朴和实在。

他们很需要表现、很希望受到鼓励，哪怕是老师的一点掌声、一个肯定的眼神、一句话，都可以让他们兴奋好几天，可以让他们对自己更有信心！第一次期中考试之后，我把班里后十名的同学集中起来，给他们布置了一个讲课的任务，每个人给一个小专题让他们向全班讲授，一个月之后他们的表现让我大吃一惊，其中大部分人都很卖力、很认真地准备，不再像从前的他们。并且此后在我的课堂上，他们也不再是那么沉默的角色了！给一点点阳光，他们就会灿烂！

同样的，给一点点帮助，他们就会用心感恩！每到节日就是老师最幸福的时间，因为总是会收到同学们的祝福！

当然，他们当中的一些人将来未必能走进大学的殿堂，但鼓起他们对学习的勇气，激发他们心中纯真的梦想，坚定他们遵守社会基本准则的信念也是老师的一个期望！哪怕是以后做农民也要做一个对家庭负责的农民，做一个遵纪守法的农民，做一个勤劳、善于进取的农民，这才是接受过高中教育的学生与未受高中教育的学生的区别。现实往往会让我们失望，但哪怕我们的教育只对个别学生有点滴的影响，这就是有价值的了！

生　活

除了教书之外，其他的时间主要就是我们七口之家的小日子了。我们这个"非常 6 + 1"（六个男人加一个美女）组合，自 8 月 20 日从法大出发那天起，共同度过了支教的每一天。从上海师范大学培训、东方明珠下的身影，到初到新县初为人师；从第一顿饭（没怎么煮熟的面条），到第一顿大餐（鸭肉、拍黄瓜、西红柿炒鸡蛋、醋熘白菜）；从心情激动紧张上完第一节课，到成为一个稍微那么"油"的老教师。

最有意思的莫过于大家一起做饭、吃饭的情形，每天饭桌上都是热闹非凡，大家时常会把学校里发生的有趣的事情拿来交流，具有搞笑天赋的达非和小熊、可爱的老佛爷倪同学更是给我们增添了很多欢声笑语。如果真的说"笑一笑十年少"，我想这段时间我能从二十岁减为一岁。

当然，还有一件很有趣的事情就是寝室夜聊，小马讲社会、拔群聊政治、小熊说奥运、李俊讲理财、达非新解论语唐诗……无所不包的话题、幽默的方式、思想的交流，让我曾经躁动的心灵安顿下来了。

终于克服了懒性，写下了这么多文字。不管是什么样的状态，我还是想用这样一句话概括我过去半年的支教生活和即将到来的半年的支教生活——

一年时间，一种体验，一点奉献，一生情谊！

用生命七十分之一，创造一个奇迹

倪菁/文

转眼已从新县回到北京近半月，可至今仍有些不习惯北京的风风火火。擦肩而过的路人中不再有学生们熟悉的背影，而繁忙的校园中，也没有了昔日同事间的欢声笑语。新县，虽然只在那儿停留了短暂的一年，可是留在那儿的记忆却绝不会随着岁月的流逝而变得模糊，因为，这一年是我生命中特殊的"七十分之一"……

太多的第一次充满挑战

2008 年的 8 月 27 日，夏天的炎热还没有完全褪去。早上七点多下了火车的一行七人背着大包小包缓缓地向出站口走去。他们的穿着显得有点特殊，统一的白色短袖，仔细一看发现胸前还印着两行红色的小字——中国青年志愿者扶贫接力计划·第十届研究生支教团。在这一行七人中有6个是男生，而我，就是这唯一的一个女生。我们的支教地在河南省信阳市新县，是著名的红色将军县也是全国贫困县。

怀着一份忐忑、一份憧憬，我走进了新县职高。作为毕业后第一份职业，我有些迷茫，有些紧张。由于不是科班出身，本科学习法律的我，对于能否成为一名学生喜欢的老师感到十分地担忧。然而，第一次走进我的班级，迎着学生们纯真的眼神，一种幸福感油然而生。先前的紧张胆怯被这片温暖所融化，转而代替的就是多了一份责任。

第一次备课，第一次写教案，第一次给同学们讲课，第一次批改作业，我干劲十足。这太多太多的第一次让我觉得新奇同时也充满了挑战。现在回想起来初为人师的我仍然像个生活在大学校园中的学生，而这一年让我得到了蜕变。我要感谢我的"同事"和我的"学生们"，是这两个我生命中全新的团体教会了我怎样成为一名合格的人民教师。

"老师，是您让我喜欢上了历史"

在我高中的时候，历史课常被我当作催眠课。而今当我成为一名历史老师的时候我终于体会到了教师的用心良苦。我特别害怕有学生在我的课堂上睡觉，所以每次备课的时候我都格外认真，在熟练掌握课本内容的同时我总是绞尽脑汁地从实际的生活中寻找例子，希望学生们能够更深刻更直观地理解历史。比如在讲解吉林省首创的"海选制"时，我让同学们模拟了班级选举班长的过程。我们分别采用了"等额选举制""差额选举制"和"海选制"三种方式进行选举，使同学们清晰地了解了各种选举方式的特点以及利弊。另外，在讲授红军挺进大别山的时候，我结合了新县的特色与优势，带领学生们参观了"鄂豫皖苏区首府革命博物馆"，寓教于乐，激发了同学们学习历史的热情。在我的课堂上，我和学生们都是主角。在遇到一些与学生关系密切的内容时，我会鼓励他们走上讲台来，自己做个小老师。我们还曾就"互联网对学生的影响"展开了一次小辩论。每节课上我都会提出若干问题，和学生们共同思考，他们的回答没有对与错，我要做的就是鼓励他们表达出自己的观点。这一过程是我引以为傲的，因为，在课堂上我们一同开心地汲取知识。

终于，我的辛勤劳动没有白费，我所带的三个 B 层班在每次的年级大考中都能名列前茅，这使我非常欣慰。第一学期寒假离去的时候我收到了许多学生的来信，每当读到"老师，是您让我喜欢上了历史"时，一种幸福感油然而生。那是我在支教中获得的最大的快乐及满足，我发现我已深深地爱上了这份职业。

这也许是我这辈子唯一的一群学生

著名的教育学家陶行知先生曾说过："教师的成功是创造出值得自己崇拜的人。"的确！也许我的一生中只有这一年是在做教师这份职业，但我希望这"生命中七十分之一"的时光，过得并不是毫无意义。我的一言一行也许会影响我的学生。在他们的人生道路上，不知道是否会因为我的出现而改变了他们的一个选择，创造了一个辉煌。当看到学生顿悟时的可爱表情，看到他们课间活跃的身影，想到若干年后学生步入成功的殿堂，作为曾经的教师，我会体味到这份幸福感。

回来几日，经常接到学生们的电话或是收到他们发来的短信，我好想念我的小朋友们。虽然也曾让我生气，但更多的是欢喜与感动。他们的聪明可爱，他们的单纯质朴，犹如那大别山秀丽的风景一般，深深地刻在了我的心里。我记得我许下的诺言，"两年后的高考前，一定，一定，再回来看你们！"到时候我仍然能大声地叫出你们每个人的名字。因为，这也许是我这辈子唯一的一群学生。

今年，是支教团走过的第十个年头。十年，是一次总结，更是一个新的起点。在这一年中我经常想起一句话——"用我生命七十分之一，营造一个奇迹。"这是电影《志愿者》主题曲《放飞》中的歌词，也是我们第十届研究生支教团在上海培训时无数老师给我们的寄语。幸福应该就是最好的奇迹了吧！因为这一年中我们都是幸福的。只有幸福的老师，才能教出幸福的学生，才能将幸福的瞬间，积累成永久幸福的人生。

▲ 12·4普法系列活动1：法制讲座　　　　▲ 参观许世友将军墓

▲ 12·4普法系列活动2：模拟法庭　　　　▲ 第10届研支团成员倪菁在备课

▲ 参观列宁小学

▲ 第10届研支团出征合影：彭奕洪、王达非、倪菁、熊元林、马学军、李俊、陈拔群（从左至右）

◀ 倪菁带学生参观革命博物馆

王达非授课中 ▶

▲ 研究生支教团荣获我校 2011 年度 "感动法大人物" 奖

第十一届：如虹青春　七彩豫南

前言： 中国政法大学第十一届研究生支教团成立于 2009 年，来自于不同学院不同专业的七名法大本科毕业生共同组建了这一团队。章欣、禹良、刘燕、南连伟、俞文英、张蕾以及杨文明七人奔赴河南省信阳市新县职业高级中学开展为期一年的支教活动。生命如河流，奔流不息，但生活中总会有一些人和事留在原地等着你，与你欢歌，永不褪色，譬如那色彩斑斓的支教记忆。

春风化雨润桃李
——写在团中央支教团支教我校十年之际

新县职高校长 肖万宝 / 文

又是一个荷花飘香的六月，习习夏风里，淡淡清香中，离别的气氛越来越浓。从 1999 年到 2009 年，这已是第十届研究生支教团即将踏上归程，我和全体师生一样，对你们有着深深的不舍和感谢。

从 1999 年到 2009 年，团中央支教团对革命老区新县的支教接力已走过了十年历程。十年里，上百名优秀的研究生放弃了舒适的都市生活，牺牲了提前一年研究生毕业的机会，来到我们新县为革命老区的教育事业做出了不可磨灭的贡献。十年来，你们一步一个脚印，用真心和汗水培养了一批又一批的学生，带领他们遨游于知识的海洋。接力的爱、延续的情陪伴老区的孩子一路成长，成长为祖国的栋梁。

你们分别来自清华、北大、法大、川大、武大、北师大、河南师大等知名学府，有着较高的涵养和专业素质；你们来自北京、成都、武汉等大都市，紧握着时代的脉搏，为我们带来了全新的教育教学理念；你们来自共青团，有着积极进取的心态和敢于探索、创新的精神。你们的到来，为学校的发展注入了新鲜血液，让老区的教育事业焕发出青春和活力！

来到山城新县，你们首先面对的是生活上的困难。新县的方言给你们的沟通带来了不小的麻烦；这里的饮食以米饭为主，味以辛辣为主，这让你们不得不改变饮食习惯；六七人住在一套小居室里，住宿条件也不是很理想……尤其是冬天，这里没有暖气，更是让你们备受寒冷的煎熬。在困难面前，你们没有退缩，而是尽力去克服。一年下来，在你们的指导和帮助下，学生的普通话水平提高了不少。为了和家长、同事更好地交流，你们也学会了不少新县方言。

你们是天之骄子，来到偏远的山区支教，每个人都只有一年的时间，一年之后你们都会重返研究生的课堂。这一年里，你们也可选择草草应付而过，但从你们的工作上，我看不到丝毫的怠慢之情和敷衍之色。

为了圆满完成教学任务，在课前，你们认真细致地备课，常常工作到深夜。每一个队员都能认真研究教材、研究课程标准，做到了对所教内容的完全掌握；并结合班上学生特点，努力照顾好大多数学生的接受能力，真正做到了因材施教。当遇到疑难问题时，你们互相商量，虚心向有经验的老师请教，积极听公开课，参与教研组讨论，确保了所教知识的准确无误和学生的易于接受。课余时间你们积极与学生交流，询问学生对所讲课程的接受和理解情况；教学过程中，你们不断探索新方法、新思路，通过各种方式，提高了学生的学习兴趣，扩展了学生的知识面。

还记得：中国政法大学 2007 届支教团志愿者江睿在上课过程中，尽可能地给学生补充一些典型的历史事件，激发了学生的爱国热情和民族自豪感；讲究教学艺术，教学效果好，天生一块好教师的材料。1999 年支教团四川大学的梁海燕当班主任，2000 年支教团的李月多才多艺，指导幼教班同学排练渔歌舞等节目，提高了他们的艺术修养；郑吉林在英语教学中，通过多媒体教学和组织学生观看英文原声电影，让学生了解了国外的风俗习惯和人文风情，锻炼了学生的听说读写能力，并根据自己的学习经验，给学生讲解联想记忆、循环记忆等学习方法；每到学期末，你们积极辅导学生，教给他们学习方法，指导他们进行高效复习……

"十年树木，百年树人。"你们在做好教学工作的同时，也高度重视育人工作。为了让广大学生牢记民族历史，缅怀先烈遗志，你们举办了"忆祖国史，扬爱国情——纪念'一二·九'运动"征文活动，并通过宣传材料和图片展，培养了学生的民族精神；特别是 2008 年中国政法大学支教团的彭奕洪、倪菁、马学军、熊元林、王达非、李俊、陈拔群七位志愿者，为了增强学生的法制观念，你们积极开展"模拟法庭进校园"活动，大大增强了学生们的知法、守法意识；为了让正值青春期的学生健康地成长，你们开通了"阳光心语"，开展心理咨询，认真倾听学生的心声，解答他们的疑惑……

你们的多才多艺、谦虚好学，给我们留下了很深的印象，让我们看到了天之骄子的风采；你们的刻苦钻研、大胆创新，让我们学校焕发出了青春的活力；你们的真情付出和无私奉献，让山区的孩子茁壮成长！

风不知道云知道！你们为老区教育发展做出的点点滴滴，巍巍大别山会记住，淙淙潢河水会记住，真情的红城人民更会记住！

"因为你们的到来，我们知道了贫穷并不可怕，可怕的是屈服于贫穷；因为你们的到来，我们懂得了读书的意义，知道发奋图强是唯一的出路。你们不仅教给了我们知识，更为我们点亮了心灵的一盏灯。"这是 2004 级种植 1 班一位学生日记里的一段话。我想这是你们最大的欣慰吧！

"我也要考川大！""我也要考武大！""我也要考中国政法大学！"……孩子们从你们身上学到了知识，学会了坚强，学会了拼搏进取、无私奉献，他们许下铮铮誓言，立志要做与你们一样的优秀青年！

"爱心可以改变命运"，你们用一颗纯朴善良的爱心，投身到老区新县的建设洪流中，用自己的爱心改变着山区孩子的命运！你们用坚实的脚步在大别山的土地上留下了奋斗者的足迹，播撒下了知识和爱的种子，书写着青春的华章！你们是优秀的中国青年！

支教生活的思考——支教：我的无悔选择

杨文明 / 文

支教只有一年？是的，也不是。从团中央集中培训、派遣开始算起，最多只有十个月而已；从确定成为支教团成员开始，有两年多；而如果算我的心与支教的日子，会是剩下的这半辈子。

总要找个起点，从支教团的选拔开始吧。

动　机

像不少选择了支教的同伴一样，我选择支教也有功利的心态，甚至在有时候功利的心态占据了上风。支教一年，也许，潜在的好处有很多很多——比如，有个好名声。

是的，支教，我也功利。但是，功利不是全部。支教是我主动的选择，无怨无悔。

其实在高考填报政法大学时，我就下定了决心：本科结束后，我要继续读研究生，而非直接工作。所以，对国家公务员考试仅仅准备了一天，而在得知自己通过中纪委的笔试时，我先告诉了我的两个师兄（拔群和相涛），然后就直接告诉了校团委王明宇老师：中纪委笔试已通过，但我会放弃面试——先断后路，好好准备支教吧。

而我决定支教而非选择考研的原因可能更复杂些。坦白说，对自己考研我很有信心。但是之所以不想直接读研，一是因为不想浪费一年时间完全去准备考研；更重要的是因为自己越到大三，越发现自己的不足——还没有做好踏入社会的准备，支教一年对自己的成长更有利些。做一年纯粹的人，用一年的时间去奉献，用理想主义的态度来度过难忘的一年成为我最后的决定。

这就是我全部的动机。

校内培训的点点滴滴

校内培训很琐碎。由于我被分配到学校团委协助办公室主任邱文栋老师工作，所以在日常的培训中，主要工作是办公室物品和公章的管理，按部就班，平平淡淡。

校内培训很充实。由于之前三年自己一直在学生会和班级担任职务，相对而言自己的学术锻炼很不够，因此，我充分利用在团委培训有限的空隙里，坚持一周阅读一本法学或者社会科学名著，一年的时间不仅仅阅读了大量著作，也让我养成了爱读书的好习惯。

校内培训很精彩。由于恰逢国庆六十周年，我校团委承担了国庆游行依法治国方阵任务。团委人手十分紧张，看到自己曾经奋斗过的团学战线的兄弟们如此忙碌，我便主动在假期中间留下来协助团委工作直到第一次合练。

如果要说校内培训最大的收获，便是良好的心态和习惯并且会让我受用终生。

新县印象

新县是个小县城。尽管据说有 30 万人口，但是由于商业不发达，因此县城没有太大的摊子，这里的景象让我想起的是十五年前我的家乡。这也常常让我拿这个城市和我的家乡对比，尤其是对这里十年后的交通状况有着很深的忧虑，如果不采取有效的措施，十年后这里的马路将拥挤不堪。

新县很美。在这里生活是一种享受，来自平原的我几乎能够被这山区的任何一种景象或者自然事物所吸引，巢来巢去的燕子，路边的小蛇还有河里不知名的小鱼，让我满是想伸手却又不忍伸手的冲动。

新县的人朴实。在这里没有那么多你的我的的区分，篮球只要上场就可以打成一片；孩子们热爱求知，对外面的世界充满好奇（尽管有些学生自认为对外面的情况熟悉得很）；在这里我还能够看到那些滴尘不染的眼睛。

支教——教学

教学的使命是什么？这个问题看似不重要——因为不影响成绩；但是一年的教师生涯告诉我：它很重要，因为这个问题决定了教学的出发点是什么——成绩、能力、思想、习惯，抑或其他？

开始时我觉得教学是为了成绩，至少主要是为了成绩。于是我上课以考纲为重，对学生作业高标准严要求。但是我很快发现，学生们上课不少在走神，作业直接抄标准答案，甚至考试时交换试卷。尽管成绩有进步，但是对学生们今后的发展究竟有多大的作用？又有多大的副作用？错在哪里？

教学主要是个过程，而非结果。过多地追求结果，只会让我和学生一起失去学习的乐趣。

教学是为了让学生养成学习和思考的习惯。教会学生们如何学习是每个老师的使命。于是有次作业我给学生们一张信纸，要求他们将一本书的主要知识点以知识体系的形式总结在这张纸上，只能少，绝对不能超。学生们听到作业时的惊讶和交作业时换掉的信纸告诉我他们已经开始学会学习了。

教学是为了提高学生的能力。让学生们知道在地震时如何应对远比地震的原理对大多数学生更有用。于是，我给学生们布置了就新县或者新县某一景点写作一份旅游规划的集体作业。

教学不能忽视成绩，但是成绩要靠效率而非死记硬背。于是我在教学中对考点详细讲解并告诉学生考察方式，对于那些比较懒的学生我干脆就将地理常考的知识点浓缩到四十个，以讲义的形式发给他们，让他们熟记以应对考试——成绩有什么用？至少可以提高学生的信心。

从开始时的两个班地理到一个班政治一个班地理，我努力让我的课堂充满欢声笑语，用理性、人性的声音让学生思考人生、在快乐中学习。而学生们也很争气——我所带的慢班的成绩却高于县里最好高中的平均分，谢谢孩子们。

支教——生活

原来很少进厨房的我现在却可以负责周日下午七个人的伙食，一年的生活让我学会了真正的独立。

生活习惯迥异的七个人却在一起甜美地生活了一年。尽管其间也会有小小的摩擦，但是正如我在集中培训时所言——两口子还要吵架呢。一年的生活，终生的友谊。这份友谊谁来联系？作为队长，我责无旁贷。每年教师节，自费请同伴们一起小聚，这是作为队长的我在支教生活后的"基本任务"。

身体是革命的本钱，在教学工作之余，我和同伴章欣常常和支教地的老师一起打篮球，锻炼身体，增进友谊；而周末闲暇时弄上渔网来到小潢河边捕上几尾小鱼也是乐事，县城周围的山山水水也遍是我的足迹。

支教——学习

一年时间远离象牙塔，但终究还要回去继续自己的学生生涯。结合自身专业，我不敢放弃语言和专业知识的学习。每天的学习计划让我发现自己还有很多知识没有学好，没有时间去挥霍。一年下来，不敢说质量怎样，但是数量却相当可观：二十余部社会科学著作，十余部法学著作，五部行政法著作，十余篇的读书报告，五篇学术论文，还有初级标准日本语，一年的时间收获颇丰。

学习对象不仅仅是书本知识，更是社会经验。虽然身处山区，但是网络的便捷让我可以方便地了解时政，并通过撰写时评等方式来锻炼文笔，逼迫自己去思考，偶有小得还能在网站和报纸上发表，一年下来，居然也有十几篇。

支教——活动

支教是志愿者工作的重点，但不是全部。由于担任了支教团的团长，因此，对如何更好地发挥支教团的作用我做了诸多有意义的尝试。

以"丰富支教团工作内容、拓宽支教团工作领域，提升志愿服务质量"为目标，我首创了"七人七事"工作法，根据不同支教团成员的特长和性格特点，将支教团工作划分为七大方面（分别是生活、学习和教学、心理咨询、新闻宣传、学生普法、社会调研、联络和社会捐助），每一方面由一名支教团成员负责，不仅很好地解决了成员责任心和积极性调动问题，也从组织上保证了支教工作的连续性，避免因工作交接导致支教活动内容断层。

感谢燕子，生活上我们不管是财务还是日常值日都被安排得井井有条；感谢大禹哥，我们在《新职高》上发表的学习方法指导系列文章让更多的学生在更广的层面上减少了学习上的困惑；感谢文英，我们的心理咨询让不少学生相信人间自有真情在，相信这个世界的真善美；感谢张小蕾，让更多人看到我们支教团的工作，让更多人来了解支教团；感谢章小欣，法治辩论赛第一次在新县校园开展，并被广泛报道，产生了较广泛的社会影响；感谢伟哥，是你的统筹安排让我们今年新上马的项目顺利实施；感谢下一届支教团和校会的同学，是你们的帮助让大四毕业生和新县的学生联系在了一起。

感谢团中央和我的母校，尤其是校团委、新县团县委和新县职高，是你们对我们的支教工作提供了完善的后勤保障。

支教——离别

一年时间到了，该离开了。但离别不是结束，而是另一个开始。一年的生活很短暂，我已全力以赴，过程完美，没有遗憾。如果现在再让我选择一次，我还会选择支教，还会放弃中纪委的面试——只是因为这一年的支教生活太美好、太难忘。

忆点滴——支教一年有感

南连伟／文

时光飞逝，一年的支教生活恍然间已近尾声。忆及一年中的点点滴滴，诸多情感一齐涌上心头，有重担离肩的轻松愉悦，也有行将离别的依恋不舍，感触颇多，却又不知从何说起。

2008年的10月，我人生中一个非常重要的选择定格于此。2009年的8月，我们一行七人踏上了前往大别山的征程——河南省信阳市新县，一个原本陌生的遥远之地，从此与自己有了千丝万缕的联系。

来之前，我一直忐忑不安，不仅是忐忑于大别山区的生存条件，更是忐忑于即将肩负的人师之责——如果适应不了服务地的环境怎么办？如果辜负了当地学校和学生的期望怎么办？如果承担不起志愿者的责任怎么办？一连串的问号在脑中萦绕良久，挥之不去。但是，等到2009年8月27号凌晨4点，踏上了新县的土地，我告诉自己——一切的疑问都留给时间来解答吧，自己要做的，就是从现在起踏踏实实做好每一件事。

自此，一段注定将铭刻终生的支教经历正式拉开帷幕。

工作回顾

首先是教学工作，这也是我们最主要的任务。我分到的学科是政治，带高一年级五个班，两百七十三个学生。一个让我始料未及的情况是，学生的基础非常差，学习习惯也很不好，而且严重缺乏自信。所以，当初自己准备的一些教学思路和教学计划尚未付诸实施便已搁浅，只能一切从零开始。于是，我通过和当地教师交流了解他们的教学经验，通过和学生聊天了解他们的想法和需求，最后重新制定出一套基本全新的教学思路和计划。

在正式开始讲授课程之前，我在每个班拿出一节课和学生进行平等而真诚的交流，通过自己的切身经历告诉他们如何适应新的环境，如何正确面对压力，如何让自己对未来充满信心。事实证明这种交流效果是明显的，我们的师生关系变得非常融洽，学生不仅把我当成他们的老师，更把我当成他们的朋友，这为之后教学工作的顺利开展打下了一个不错的基础。

随后，教学工作按部就班地展开。备课——讲课——反思——再备课，这个过程日复一日地重复着，一叠叠工工整整的备课簿和一摞摞学生作业就是见证。每天奔走在五个班级之间，努力用自己的热情去感染每一个学生，努力将自己的每一点知识传递给他们，嗓子喊哑过，双腿站酸过，心中的信念却从没有动摇过。既然选择了这样一条路，不管有多少荆棘泥泞，都要坚定不移地走下去，这是身为志愿者的责任，也是身为人师的良知。

好在，学生是懂事的，尽管基础很差，但他们在努力。看到学生虽未必正确但工工整整的作业，听到上课前教室里传出来的琅琅读书声，一切的辛劳和汗水瞬间化为滋润心田的欣慰和感动。考试成绩则是对自己努力付出的最好回报，在先后进行的三次重要考试中，我所带的五个班都取得了不错的成绩，最好的在全年级都名列前茅，最差的也在中游，这个结果也得到了年级领导的充分肯定。总而言之，作为一名教师，不敢说自己的工作比当地教师做得好，但可以肯定的是，我对得起自己的良知。

其次是业余工作，在教学之外为当地学校分忧解难。第一，结合学校的条件和学生的需要，我们支教团与校团委合作，开展了多种形式的心理咨询活动。开辟了专门的心理咨询室，每天有专人值班，学生在学习、生活、情感等方面有疑问随时可以到心理咨询室交流，我们会提供力所能及的帮助。同时，我们向学生公布了自己的手机号码，学生平时有问题都可以以短信、电话等形式向我们提出。心理咨询活动开展一年来取得了很好的效果，成为很多学生心中一处温暖的所在，对于排解学生心理困扰，缓解学生学业压力起到了一定的作用，也得到了学校领导的高度肯定。

第二，在 2009 年 12 月 4 日开展了形式新颖的校园普法活动，县团委和教育局领导出席，县电视台全程录播，受到了一致好评。考虑到我们的法科知识背景，我们决定在 12·4 普法日组织学生开展一次普法辩论赛，该想法随后得到了校团委和县团委的鼎力支持。于是，在很短的时间内，我们开始了紧张的准备工作。从辩题的确定到辩论队员的选拔和训练，再到活动前的临场准备，短短几天的时间，我们每一个人都把自己的精力发挥到了极致。所幸，活动取得了圆满的成功，不论是参加活动的学生还是我们自己，都得到了很多收获，本次活动也得到了各级领导的高度评价。

第三，鉴于新县属于全国著名的劳务输出重地，我们决定以"新生代农民工需求状况调查"为主题开展一次调研活动，试图为农民工权益保护尽自己的一份微薄之力。调研的准备工作从 2009 年年底就已经展开，从选题的确定到问卷的制作和发放，繁重的工作有条不紊地进行，期间得到了政法大学校团委和当地学校的大力支持。调研的问卷调查工作尚在进行之中，随后还将拓展到多个省份，最后的成果将在九月份呈现出来，相信会具有一定的实践价值。

生活记忆

这一年的生活是一段琐碎而美好的记忆，蓦然回首，脑海中浮现出的是一幅幅画面和一段段视频，每一幅画面都定格了一个故事，每一段视频都记录了一段生命。

首先是我们这个温馨的七口之家。从普通的同学到亲密的家人，在转变的过程中，每个人都学会了理解、宽容、关爱和真诚，通过不断的磨合变成了永远不可割舍的兄弟姐妹。厨房中叮叮当当的锅碗瓢盆交响曲，饭桌上不着边际的谈天说地，洗澡前例行公事的大喊——有没有人上厕所，所有的生活琐事都成为心中永久的美好记忆，每每想起，不禁莞尔。数年之后，等到我们成家立业，想起很多年前在遥远的大别山脚下，有那样六个人，陪自己快乐，陪自己忧伤，陪自己度过三百多个日日夜夜，想必会潸然泪下。缘分一个词，并不足以涵盖心中所有的情愫，这段岁月，注定要用一生去体味。

其次是我们的社会生活。走出校园，踏入社会，由一个不谙世事的学生变成一名正儿八经的教师，这是个挑战，也是一次难得的锻炼机会。这一年，我们要和各级领导打交道，要和当地教师打交道，要和学生打交道，要和出租车司机打交道，要和菜市场摊主打交道，人际关系处理能力短时间内受到强烈的冲击，也在冲击中不断提高，顺利实现了由学生向社会人的转变，这种转变对我们的未来将产生不可估量的积极影响。生活是最好的课堂，这一年的社会生活让我们学到了很多在象牙塔中学不到的东西，受益匪浅。

个人发展

这一年对于我来说，也是一个发展和提高的绝佳机遇。置身山清水秀之中，没有城市喧嚣的烦扰，让人喜欢沉静和思考。于是，我从 2009 年 10 月底正式开始了一项业余活动——时事评论文章写作，试图用自己尚显稚嫩的笔触去表达自己的思想，为民主之进步和社会之发展尽一份绵薄之力。幸得编辑老师赏识，半年来，先后在《新华日报》《法制日报》《检察日报》《新华每日电讯》《中国青年报》《南方都市报》等八十余家纸质媒体，以及新华网、人民网、光明网等多家网络媒体发表评论文章二百余篇，并成为新华网专栏作者，多家媒体特约评论员。

同时，这一年也是读书的好时机，通过不断的阅读，自己的大脑更加充实，心灵更加睿智，专业功底也得到了夯实。

总而言之，回顾一年的支教经历，虽然对当地教育事业所做的贡献微不足道，但自己的收获却十分丰硕，注定将成为受用一生的宝贵财富。临近离别，心中也抱有诸多遗憾，一些课程本可以备得更充分，一些知识本可以给学生讲得更透彻，一些作业本可以批改得更仔细，但时光无法倒流，这些遗憾只能寄希望于下一届支教团的同仁们帮我去弥补了，相信他们也一定会抱着真诚和热情的态度接受这一请求。

▲ 第 11 届研支团成员合影

▲ 第 11 届研支团成员杨文明上课

▲ 第 11 届研支团成员俞文英上课

▲ 第 11 届研支团成员临别合影

▲ 第 11 届研支团成员一起给张蕾过生日

▲ 第11届研支团成员与学生临别合影

▲ 第11届研支团成员章欣备课

▲ 第11届研支团在新县职业高中举
行12·4普法辩论赛1

▲ 第11届研支团在新县职业高中举
行12·4普法辩论赛2

▲ 第11届研支团在新县职业高中举行
12·4普法辩论赛3

第十二届：支教帮扶　薪火相传

前言： 2010年中国政法大学第十二届研究生支教团正式组建，法大研究生支教团已经进入了新的十年，楚哲、曾巧艺、赖晓红、张瑜瑜、王储、杨泰、孙芳、包君成、王婷九名同学在河南省信阳市新县一中，开启了人生的新体验。新县的一年，时间在流淌，但是，成长和爱却一直在。

从军都山到大别山

楚哲 / 文

2011年6月20日夜，距离开支教地新县还有五天。

新县一中男生宿舍。大王（支教团队员王储）点起了一根烟，带着他那固有的贵族式忧郁气质，站到了窗前——一年来，这是再常见不过的场景。我揉了揉眼睛，目光暂时离开了电脑屏幕，在他身上顿了一下。

说时迟，那时快，只见大王一手扶墙，以凌厉之势从脚底抄起一只拖鞋，"啪"地一声拍在墙上。手起鞋落，我才意识到已经有一只蟋蟀命丧黄泉了。这一套动作下来，看得我目瞪口呆。如此"下里巴人"的动作，却能如此"信手拈来"，看来我们已经与这漆黑的夏夜，与这潮湿的山城融为一体。

两名支教老师再平凡不过的一天，却因这个动作，将要被铭记了。

离开法大这一年，真是说来话长。

2010年8月27日，毕业的骊歌还未散去，出征的号角又吹响了。那天清晨，我们从昌平出发，最后看一眼昌平的宁谧与美好，就踏上了去往大别山的征程。

地处大别山腹地的新县曾是晋冀鲁豫根据地首府、革命老区、著名的将军县，而我们九名法大毕业生也有幸组成新一届支教团，参加团中央的扶贫接力计划，前往新县支教一年。

列车在颠簸中前行，车轮有节奏地撞击着铁轨，车厢来回摇晃，似乎把我们心中的期待和志忑摇在了一起，发酵了起来。这一切，一如当年我们从西站乘坐校车到昌平报道时的那份激动，那样宁静的蓝天白云和欢呼声的海洋夹在一起，却出奇地和谐。第二天早上到站，清晨的新县下起了小雨，空气中弥漫着雨丝，街道一尘不染；出了火车站不远处就是一座桥，将两岸连缀在一起。过桥的时候，抬头看到不远处就是山，半山腰云雾缭绕，还偶见裸露的岩石。整个新县县城就在两山之间、小潢河两岸狭长的区域努力地伸展着。这一切都给一个在平原长大，来北京求学的人以新鲜的印象。然而挑战才刚刚开始。新县几位领导在座谈会上的发言热情洋溢，而我们却全都云里雾里，只能用点头和笑容来应对；新县一中第一次全体教师大会，我们坐在第一排，只听懂学校的姜校长说的一句话，"今年的支教生是来自北京的政法大学的学生，希望大家帮助他们迅速适应这里的生活"。带队来的校团委老师告诉我们，法大在新县的支教帮扶已经持续了整整十年。十年间有几十名法大毕业生在这里工作过，当接力棒传到我们手中的时候，他们把在新县所受到的好评和赞誉一起交给了我们，想想眼下面临的语言难题，我们一瞬间觉得压力很大。但是，很快我们就发现了新县话的乐趣：支教团广东籍的杨泰的非标准普通话竟然和新县话有几分相似，成了我们的模仿对象；新县姓"扶"的老师和学生很多，而"胡"和"扶"的发音完全一样，也让我们颇费了一番周折，闹了不少笑话；还有在新县聚餐完总要礼节性地问人"没喝好吧"，等等；语言的乐趣真是让我们着迷。这也是我第一次认真地去聆听和学习一种方言。

还未来得及完全适应，教学任务就分配了下来，我们九个人的教学任务涉及七、八年级的语文、数学、外语、历史、地理、政治，每个人都领到了崭新的教科书、教案本和教参。为了帮助我们迅速转变角色，胜任教师职业，法大和当地学校都举办过培训工作。但是，当真正踏上讲台，面对着七十多双眼睛的时候，我还是充满了忐忑。说每双眼睛都闪着对知识的渴求应该是文学作品的夸张，但毫不夸张的是，他们都充满了好奇。于是，虽然对自己的新县话还不够自信，但我还是抓住机会，把他们从单纯的好奇引向了对历史这一学科的兴趣。在向学生做了自我介绍，以及简短的互动后。我定了定神，把 MP3 录音打开，转过身，在黑板上写下"重新发现历史"几个大字。然后从北京琉璃厂的故事讲起，引出了古代官场的趣事……学生们明显被故事吸引住了，我也陶醉在其中，不知不觉竟已下课，意犹未尽地走出教室。

坐到办公室里面，又重新听了一遍自己讲课的录音，才突然警醒，自己整整讲了一大节课，中间没有给他们任何思考的时间。一节课下来，师生都很欢乐，气氛也看似轻松，但是真正带给他们的收获有多少呢？这就是一名教师对课堂四十五分钟的把握吗？我回想起自己大一的时候，在明法楼（原来的 E 段教室）听朱庆育老师的民法课，被他举手投足间的气场吸引，为他诙谐幽默的语言和段子而开怀，却对严谨的逻辑、精准的概括视而不见，因小失大，错过了重要的东西。于是更加深刻地体会到，学习可以是乐趣，但绝不是娱乐；学习可以欢乐，但不可不吃苦。这，或许也是大学四年法大所教给我们的——敢于去怀疑，抽丝剥茧找到事实真相。

想到这里，我又把自己讲课的录音重复听了几遍，认真地挑了挑自己的缺点。发现自己的语速过快，相对应的就是下面的学生会出现"断片"的情况；还讲了一些超出他们理解范围的东西，影响了课堂的效果。人都喜欢被人倾听，如果你想享受这种感觉，那么当老师完全可以满足你。但是每一名负责任的老师都要克制自己演讲的欲望，避免将煽动性的和不经考证的知识传授给学生。这样的课堂看上去也许不像电影里面精彩，没有那么抑扬顿挫，但是学生可能会收获得更多。客观和中立被法律人奉为圭臬，而这些，早已流淌在我们的血液中。于是，在课堂上的我们，不仅常常以经国纬政、法泽天下的胸怀与学生共勉，更以严谨和逻辑约束着自己。

得益于母校四年的教育，教学工作开展得游刃有余；而教学之外的生活，头一件就是"吃"的问题。我们向学校申请了一间房子作厨房，就华丽地实现了由讲台向灶台的转身。根据厨艺水平及上课时间，我们排出了做饭值日表，基本上由女生主厨，男生以学徒身份暂时负责买菜、打水等技术含量较低的工作。做饭不难，做九个人的饭可就没那么容易了，每次都要做六个菜不重样。这需事前计划周密，费一番心思。

每天中午和晚上，都是厨房最热闹的时候，我们九个人像一家人一样围坐在一起吃饭，讨论班里的学生，分享课堂上的开心事，时而为班里的调皮学生苦恼，时而又为他们的进步而欣喜；邀请一中的老师和学生过来和我们一起吃饭，更是我们大展身手的时候，每个人都会做自己的拿手菜来招待他们。不过最开心的事情莫过于一起回忆昌平的美食，一食堂二楼的早餐、九号楼下的鸡蛋灌饼、服务楼的老干妈盖饭，大家都打开了话匣子，从里面源源不断地流出的满是对昌平的思念。每到周末，学生们离校回家，学校就静谧了下来。而我总是在这时悄悄地换上北京的手机卡，看有没有来自北京的问候，遥想着军都山下他们的生活。

一中的期中期末考试考了又考，六月就这样跫音渐远，而距离我们离开新县的日子又近了一步。离开新县的时候，上了火车，我们转过头不敢看前来送别的老师和学生，但还是忍不住掉下了眼泪，因为舍不得这里亲爱的老师和同学们，舍不掉这一份沉甸甸的感情。正如大学毕业离校时我们都哭红了眼睛不想离开一样，我们在这里挥洒了最美好的青春。

从军都山到大别山，我们的成长足迹都有法大陪伴，法大看着她的孩子们从稚气未脱到成为一个对社会有用的人，用自己的双手去积极改造社会的人，想必也会幸福吧！

从第一届法大的毕业生来到新县，到2011年我们依依不舍地离开，刚好十年。十年前的那批法大学子，带着信心和勇气来到新县开始帮扶，而今，新县的经济发展水平已经有了很大提高，人民脱贫致富；同样，二十五年前，法大昌平校区曾迎来第一届新生，他们是昌平的拓荒者，体育馆前的"拓荒牛"，即为追怀那筚路蓝缕的时光。一届又一届法大学子毕业后奔赴四面八方，也会将法大人的精神传承。十数年支教帮扶，法大精神薪火相传。

▲ 第12届研支团：学生合影

▲ 第12届研支团成员包君成在上课

▲ 第12届研支团成员参与三字经诵读比赛作为评委

▲第12届研支团成员赖晓红在上课

▲第12届研支团成员在许世友
将军纪念公园合影

▲第12届研支团成员孙芳在上课

▲第12届研支团成员与送行的
学生

◀第12届研支团成员张瑜瑜组
织朗诵比赛

▲第12届研支团为学生们举办
元旦联欢会

▲第12届研支团成员楚哲在上课

▲第12届研究生支教团新县项目座谈会暨爱心捐赠仪式

第十三届：逐梦边疆　青春无悔

前言： 中国政法大学第十三届研究生支教团成立于 2011 年，在这一年，研支团的脚步走向了祖国的边疆塞外，刘炜、包颖晨、耿亚男、张德成、毛快、张旭、任丽华、杨阳、李一帆、李奇玥十名法大学子奔赴新疆维吾尔自治区昌吉市第七中学、广西壮族自治区北流中学，开始了新的征程。全新的支教地带来了全新的体验，但是支教人的信念不改，初心依旧。

口 外 三 月

刘炜 / 文

新疆人自称这片土地为口外，而哈密吐鲁番以东便称作口内或者口里。一个简单的称呼，便道尽了荒凉，把人们的想象分为了两个截然不同的世界。左手大漠荒沙，右手温润繁华。

七月，从北京出发，一路西行。平原，青山，戈壁，戈壁，无尽的戈壁……当天山顶上一抹雪白出现在视野中的时候，已经是列车奔行两天之后了。后来在德成的状态中看到那句"西出阳关无故人"的时候，被刻意遗忘的寂寥才涌上心头。入疆的路，便是这样了。

七月培训，八月实习，九月迈上讲台，十月开始供暖，新疆的冬天就这样无限地逼近了。三个月时间里，先完成在昌吉州团委实习、昌吉市人民代表大会会务服务、第六届科技洽谈会服务等不同的实习工作，之后便是走上讲台，日复一日反复耕耘的时光。忙碌的日子，在冲淡了各种思念的同时，也令法大新疆支教团的四个人集体失声。甚少在网络上出现，更是无暇发个心情状态或者是生活剪辑。就这样，在沉默中前行，成为新疆团所有成员的共同状态。

在接到写稿通知时，我的第一反应便是不知所措。脑子里整天闪烁的都是数学、备课、课改、成绩等高频词汇，感受、感想，像一团盘踞在脑子中的乱麻，无从写起。初惊之后，更多的却是感谢，感谢编辑给了我们一个整理这三个月口外生活的机会。

七月二十九日下午五点出乌鲁木齐火车站，正当头顶的太阳迎面而来，眼泪刷的一下就下来了。在踏上这片土地的那一刻，心里的忐忑突然消失不见，剩下的，是一片平静。安顿好之后便是培训，开始认识来自五湖四海的志愿者，开始逐步地走近新疆，感受新疆。培训结束，出发前往昌吉回族自治州，开始一年的支教生活。三个月间，习惯了太阳在晚上八九点钟落下，习惯了巨大的温差，习惯了无饭不辣，习惯了和亲人朋友打电话时不断地阐释一个真实的新疆，习惯了说"香香的，宣荒（聊天）"等新疆词汇……

我们的支教服务地在昌吉市第七中学。七中的学生分为两类，一类是当地农村学生，另一类是疆内初中班学生。七中是开办疆内初中班的重要学校之一，承担着向内地新疆高中班（内高班）输送优秀少数民族生源的重任，而这也意味着七中的每一位老师肩上的责任更重，压力更大。到校后，支教团成员分别担任了七年级数学、英语、地理和八年级英语教师。讲课、集体备课、晚上批改作业和反思，成了支教团成员的全部生活；成绩、课改、纪律成了我们宣荒（聊天）的中心话题；甚少上网，离校园围墙外的生活越来越远，慢慢地变成了这个校园自然而然的一份子，与这个学校融为一体。谢觉哉先生曾说过："活着，为的是替整体做点事，滴水是有沾润作用，但滴水必加入河海，才能成为波涛。"融入七中，融入其中，沉默而坚定地前行，才能为七中教育的发展尽自己的一份力量。

我任教的科目是初一 10 班的数学以及其他四个班的综合。十班是内初班，全班五十六个同学，大部分是维吾尔族、哈萨克族等少数民族，只有少数的汉族同学。由于教育水平、语言理解等各种原因，他们学习基础大多不太好。作业、卷子，经常会让我傻眼：字写得歪歪扭扭，还有同学考个位数。上课时课堂气氛很是活跃，当我稍感欣慰之时却发现能够找出几份一模一样的作业……我想，他们只是基础不好，当你真心地对他们好时，他们的学习天分便会发挥出来。然后便是分析原因，想办法。从书写抓起，上课反复讲解，严禁抄作业……班里的成绩有了逐步的提高。

　　班里的孩子们都很热情，他们的一些行为总会让我受宠若惊。他们会在课间强塞给我一些从家里带的好吃的，他们经常会关心我的这些那些……可是每次面对他们的单纯和善良，我都为自己微薄的力量感到惴惴不安。孩子们都很懂事，可是他们中的一些人却因为家庭或者别的原因背负着或轻或重的心理负担。面对他们生活上的窘迫或者学习上的困厄，除了力所能及的帮助之外，更多的时候我只能做一个倾听者。每到这个时候自己总会感到无力，支教之初那种雄心壮志遭到了现实的无情打击，但现实的困厄和窘迫也恰恰是这里需要志愿者的原因。"支教志愿者"的可贵之处就在于在支教的岗位上勇于承担、甘心奉献。对我们来说，哪怕只能尽一份绵薄之力，也是一种心安。

　　支教是一件很单纯的事情，远离城市的喧嚣和复杂，远离过于物质化的观念和生活，享受简单、自然、纯粹的生活，且行且思，在三尺讲台间寻找生命的意义。口外三月，与其说是自己的人生态度因孩子们的种种而改变，不如说这种生活带给自己的触动和感激更深。也正是这些触动与感激，使我更加热爱这片美丽的土地。

续章·断章·序章

毛快／文

又回到了"十一"只有三天假的时代，台风"纳沙"夹带着城北水泥厂的尘土，肆虐在刚刚改造完毕并初步投入使用的北流中学东校区校园里。这里，便是我们法大第十三届研究生支教团广西分团六名成员将要工作、学习和生活一年的地方。

从昌平到北流的 2485.4 公里，我们走了近三天的时间。火车，是最能让人感受到时空距离的代步工具了，汽车让人感觉疲倦，而飞机又太过便捷。静坐窗边，塞上耳机，将自己暂时与尘世隔绝，任脑中的思绪荡漾。眼神迷离地望着那窗外不时划过的风景，从北方突兀的山石，变为中原无边的麦田，最后再绵延地化为八桂大地上起伏的山丘，轻灵的绿水，农夫的蓑笠。从北到南，没有时差，但我们却也需要迅速地去适应这南海季风滋润下不一样的风情、节奏与喜悦。

首先要适应的，是这里的气候与凉茶。南国水热多湿气，常使人上火而热血。《后汉书·南蛮传》即记有"南州水土温暑，加有瘴气，致死者十必四五。"而昔日唐周交替之时，武则天也曾把李唐宗室的幼儿尽皆流放至此，放其生死由天定。初到桂地，几日新鲜过后，不适便纷纷来袭。或高烧鼻塞连连，或周身奇痒难耐，自己就着北京带来的汤药调试，却怎么也无法缓解。在身边朋友的建议下，我们开始寻方于当地的凉茶，虽曰是茶，却少铭香，而多苦涩。然良药苦口终利于病，仅两三日，一切便都迅疾地好转起来了。

就在法大一如既往地热情迎接全国各地新生入校的同时，千里之外的北中也迎来了来自北流各乡镇的同学们。"得天下英才而教之"是所有教师的梦想，然事实又岂能常遂人愿。在与学生接触之后，方才明白，公益广告里经常看见的贫困山区孩子朗声而读的场景，以及他们充满渴望的空灵稚气的眼神，也都不过是导演对镜头的选择性编排而已。当你深入到这群孩子当中，你才知道，你第一个要做的是点亮他们的眼神，去告诉他们人生是可以自主选择的，去告诉他们这各种选项背后的充实与刺激。

我告诉他们，"人生的价值，并不是用时间，而是用深度去衡量的。"我告诉他们，"不同的人，他们所拥有的时间的价值是不一样的。"我告诉他们"有些鸟注定是不会被关在笼子里的，因为它们的每一片羽毛都闪耀着自由和理想的光辉。"我告诉他们，"自己的梦想是要靠自己的努力去捍卫的。"我告诉他们，希望你们能做到"每次回忆时，对于生活都不感到负疚"。孩子们点着头，似懂而非懂，无妨，我们的交流还有一年的时间。

下善者，以识授人；中善者，以情感人；上善者，以身化人。在一年的教学中，我们首先当然地得保证基本知识的传授质量；在此之上，我们还要去开拓学生的思路，激发他们的潜质，用我们的理想去刺激他们，用我们的热情和奋斗去感染他们；之后，便要教会他们更加行之有效的学习方法和考试方法，让他们能在今后两年的学习中不断地去自我突破，取得进步。

每一个人都会有自己独特的经历与家庭背景，这些经历和背景决定着我们现在的性格与理想。教育的本质是一种沟通，而了解与理解便是沟通的基础和前提。"有教无类"这句名言的流传也已过千载。为人师者，首先必须怀悲悯之心，尝试着去叩开每一个学生的心扉，坦诚相待，你便会发现每一个孩子都可能是明日之星。你要做的不是增加他的亮度，而是帮助他拨开笼罩在眉头的乌云。于是，第一次的作文练习我逐字逐句地看完并修改了一百五十余篇文章，并在文后都附上了三四百字的点评与激励。旁边老师说这其实可以不必，但是我自己知道，这太多的不必却正是我们的使命。正如那句名言所说，"动人以言者，其感不深；动人以行者，其应必速。"当有学生向我抱怨每周四篇两百字的读书心得太多的时候，我只让他计算了一下我写这些评语时所花的时间与精力，他想了想，便安静地回去完成作业了。

这便是我们在北流两个月以来平淡的生活。然而，平淡的只是生活的内容，而不应该是我们的内心。是的，人不管在哪儿都不能昧违自己的真心。然而，人的心是会沉寂的，在那么一个安静的港湾，在那么一段恬淡的镜头中，我们恐惧，恐惧着一觉醒来之后的不适应，恐惧着一年的隔离后，被同学抛开的太远的距离。

"从此忧来非一事，岂容华发待流年。"这一年，我们用自己的青春和积攒的学识去传递梦想，这一年是我们一路生命历程的续篇；这一年，我们在一个宁淡的小地方接受着最平凡的感动，心怀着感恩，努力地工作，这一年是我们生命中一篇朴实而奇妙的断章；这一年，我们在实践中接受着锻炼，在闲暇时潜心地学习，在春花烂漫秋叶飘零之后，又一次地沉淀了生命的重量，这一年又是我们未来生活与奋斗的序章。

当明年，夏末温暖的阳光铺洒在我们的脸上，初秋泛黄的银杏悠扬地停歇在宪法大道两旁，我们就将重新回到心中一直眷念着的法大。青春无悔，因为我们在不断地捍卫着自己的梦想。青春不恨，因为我们彼此都在传递着爱与希望。

▲ 第13届研支团广西分团成员毛快、任丽华、杨阳、李奇玥、李一帆合影（从左至右）

第十四届：初为人师　砥砺人生

前言：2012年，中国政法大学第十四届研究生支教团正式成立。李家樑、谭冬梅、严雨寒、王超群四名研支团成员来到了新疆维吾尔自治区昌吉卫生学校；向芝鑫、孙忠瑞被分配至新疆维吾尔自治区石河子市第二中学；谢刚炬、宋大维二人到达新疆维吾尔自治区石河子市高级中学；赵流连、钱星、王秋辰、朱芮等人则分别在新疆维吾尔自治区石河子市第八中学及石河子市卫生学校开展支教活动。支教团成员在感受祖国壮阔河山的同时，也能够不断沉淀自己、丰富自己、充实自己，获得心灵的洗礼与慰藉。

兵团幽思

王秋辰／文

树 很高很高
仰望 望得见伟岸的身影
雪 很轻很轻
聆听 听得到岁月的声音

烈烈西风 掠过荒原
胡杨牵着白桦摇曳生姿
犁头拖着长长的线
缠绕成红色的火焰

廊前雪落 蹭白了爷爷的鬓角

孩子的呓语 徘徊在指缝间

捡起每一串歌声装点黑板

深深的脑海里 眉眼弯弯

你可知 这歌声会驻足哪家窗前

点亮谁心里的灯

墙上的羊皮袄 门后的旧镰刀

定格在梦境深处升腾

新疆心语

王超群 / 文

说实话，来到昌吉我是有点失望的。

并不是说这里生活环境不好经济不发达，恰恰相反，昌吉的生活环境和经济发展程度大大出乎我的预料。在这里摘录一点昌吉的基本信息：

昌吉市是新疆维吾尔自治区新时期确定的乌昌经济一体化中心城市，是昌吉回族自治州州府市，全市总面积 8215 平方公里，城市建成区面积 40 平方公里，总人口 42 万，其中农业人口 10 万人。市辖 6 镇 4 乡 6 个办事处、49 个社区居委会、88 个村民委员会。2010 年全年实现地区生产总值（GDP）178.6 亿元，人均地区生产总值 37 394 元，按可比价格计算，比上年增长 14.8%，以当年平均汇率折算，人均地区生产总值 5 682 美元，首次突破人均 5000 美元大关，经济综合实力跃居中国西部 876 个经济百强县市第 20 位。

可以看出，不只是在新疆，即使是在整个西部地区，昌吉的经济水平也可以称得上是佼佼者。经济水平发达的直观表现就是城镇化的发达。因此，在我坐车来学校的路上，一路上呼啸而过的各种高楼雕塑绿地景观，让我完全感觉不到是飞过了大半个中国从昌平来到了昌吉。

说起来有点矫情，让我失望的恰恰就是这么好的生活环境。从报名支教团那天起，我就想象着能够去到一个山清水秀、炊烟袅袅、与世隔绝的小村庄，没有网没有电，有的只是大自然的馈赠和一双双渴望知识的眼睛。当我知道支教地都在新疆之后，我把这幅画面换成了戈壁滩上的小平房。然而到了昌吉之后，我想象中的画面便都已经不复存在了。仿佛三千公里之外，还是相同的生活，失望在所难免。正像萧伯纳说的，人生有两大悲剧，一是没有得到你心爱的东西，另一是得到了你心爱的东西。人可能就是会这样，当你做好了一切艰苦奉献的准备之后，骄奢淫逸的生活可能也会让你失望。当然，我们的支教生活距离骄奢淫逸还是有很大距离的。

下面该说说学校了，我们支教的学校是昌吉卫生学校，这是一所职业中等专科学校。昌吉卫校作为一所国家级重点示范中专，在全疆是很有影响力的。即使在全国范围内，昌吉卫校也可以说是中职护校中的翘楚。然而对于我们四个没有任何医学知识的支教团成员来说，来到这里难免有些不匹配。经过学校团委、教务处及校领导的协商，最后决定冬梅、家樑和我三个人担任语文教学的工作，雨寒则去德育教研组讲职业生涯规划。并且我跟家樑同时还负担了一些行政工作。我在学校办公室，他在团委。就这样，我们成了昌吉卫校的一份子。

虽说中专也就是高中同等学历，然而我们是没有任何讲课经验的。但是大家都是从学生组织里面历练出来的人，当众讲个话应该还是没有问题的。抱着这样的想法，我就开始准备我的第一课。在备课的时候，我跟老教师借了教案，拿了教学参考书，还到网上去找资料，说实话准备的内容也不少。当时的感觉就是备课也不过如此，课本翻一翻，教参看一看，准备点背景知识，也就行了。我准备了一个开场白，自认为颇为幽默风趣并且还能体现出我的深度，为此甚至还在本子上打了一个简单的草稿。

虽然距离我第一次讲课已经过去了三个多月，但现在回想起来，依然是惨不忍睹。我穿着白大褂（学校要求老师上课都要穿白大褂），夹着我的课本教案，一种身为人类灵魂工程师的自豪感就油然而生。推开教室的门，我走进去，看到下面密密麻麻的脑袋。我预感到要是一直看着他们我就要站不住了，于是立刻转过身，在黑板上写下了自己的名字。第一堂课就在自我介绍里开始了。再转过身，本来想说的是我是王超群，一开口就变成了我叫王超群。其实在表达意思上这两种是没有什么差别的，但在我看来，"我是"带着更多的自信，"我叫"更像是面试的时候用的。在第一时间我就感受到一股紧张气息扑面而来，便赶紧掏出本子，准备发表我那精彩的开场白。从前看书里总爱写人紧张的时候大脑是一片空白，说实话到我这里，脑袋里并不是一片空白。我看着本子上的提纲，脑袋里不断蹦出各种单字词组，就是没有完整的句子。在我绞尽脑汁把他们都组合起来之后，本来就不是那么有趣的开场白变得更加不知所云。望着下面疑惑的眼神，我只好低下头说："把课本都拿出来。"上课的过程非常漫长，准备好的材料也好教案也好，设计好的问题也好，都捱不过这短短的四十五分钟。当我把北大有几个门都朝哪开都讲出来之后（教材第一课《永远的校园》讲的是北大的事情），就实在没什么可以说的了。看了看手表，还有将近十分钟，我只能无奈地装作自信满满的样子说："大家来齐读一下课文。"

我的第一节课在一阵朗读声中就这样尴尬地结束了。在之后的课程里，我也是跟着我的学生们一起学习一起成长。《礼记·学记》里面说："是故学然后知不足，教然后知困。知不足，然后能自反也；知困，然后能自强也。故曰：教学相长也。"只有当过了老师才能真正地理解"教学相长"是什么意思，正所谓"古人诚不我欺也"。

说过了教学，再来说说行政工作。在办公室的工作中，我主要负责全校老师每个月的考勤情况汇总、部分档案工作以及领导临时交办的任务。初到学校时，我对校办的工作还不是很熟悉，在各位老师的悉心帮助下，我慢慢地了解了各种处理流程。在适应工作的时间里，我系统地学习了2012年学校发出的各类校字党字文件，并仔细阅读了学校的校志，在整体上对学校有了一个了解。在接下来的工作中，我协助清查档案室的全部档案，对借出未归还的档案进行了统计汇总；在日常工作中也参与了一些文件的拟定；参与组织"廉洁在我心"主题辩论赛的筹备工作；参与精神文明检查的准备工作；参与各类会议的组织协调工作。同时，作为共青团志愿者，我也热心参加校团委组织的各项活动。我在校团委社会实践成果集的编撰中负责社团活动的部分；参与组织学校第五届团代会；参与学校第一届街舞大赛；参与组织学校共青团组织表彰大会等。

不管怎么说，行政工作总是有那么一点机械和单调，不过我觉得这倒也是一个很好的磨炼品格的过程。一个人如果连简单重复的工作都做不好，那么也无法指望他完成什么创新任务。这里的行政工作给我感触最深的就是严谨，无论是日常的签发文件、考勤汇总还是举办大型活动、迎接检查，都是以一种十分认真的态度来对待，并且一丝不苟地执行。

我们四个人作为志愿者，在学校里总能感受到一种和谐友爱的氛围。无论是教研组、科室还是校领导，都给予我们很大的支持和很多的肯定。学校也给予我们很多可以表现和发挥的舞台，让我们为全校师生所熟知。在文章的最后，我还是要不能免俗地表达感谢，感谢法大的各位领导和老师，感谢昌吉卫校的各位领导和老师，感谢昌吉州团委对我们的关怀，更要感谢我教过的每一个学生，是他们让我成长。

行文至此，我似乎也没有那么失望了，或许我从来也不曾失望过。我在这里生活，在这里学习，在这里成长。学校和学生们所给予我的，远远大于我所付出的。作为一名语文老师，我想用一首苏轼的《定风波》作为结尾，并以此与所有将要看到这篇文章的人共勉：

莫听穿林打叶声，何妨吟啸且徐行。竹杖芒鞋轻胜马，谁怕？一蓑烟雨任平生。

料峭春风吹酒醒，微冷，山头斜照却相迎。回首向来萧瑟处，归去，也无风雨也无晴。

砥砺青春，誓言不悔

李家樑／文

一年的支教服务生活已经过半，短短的经历却为我的人生添加了浓墨重彩的一笔。

法大至此已有十四届研究生支教团履行了服务期，第十五届也已顺利组建，即将拾起接力棒，踏上西行的征程。

每当回想起支教生活，我想所有支教团的成员都会有相似乃至相同的感受：出发前的期盼与兴奋，新环境的陌生与融入，自立生活时的不知所措与得心应手，苦中作乐、并肩作战时的相互支持与理解，初上讲台时的紧张新奇到逐渐从容淡定，遇到刁难却只能咬碎牙往肚子里咽时的无比委屈，被走进教室听到孩子们呼喊我"李哥"所瞬间治愈时的温暖，面对学生调皮捣蛋到愤怒暴吼却突然发现他们与不过几年前的自己一样时的感慨和无奈……没有亲身经历过这些感受，就无法体会到它对你内心的强大塑造力，强大到让支教团历来无人会为当初的选择遗憾和后悔。

令我感到神奇的是，短时间内的丰富经历并不会让人在匆忙中失去自我，反而能够难得地停下脚步、平缓心绪、安静地沉淀与思考。

当得知服务地在新疆的时候，我对这片古老西域地区的仅有印象便是大漠孤烟、戈壁胡杨、民族歌舞与羊肉大串。由于之前的陌生和无知，致使我半年来不断被这片大美之地所震撼。不到新疆不知祖国之大，这片占据国土六分之一的地域是冲突多样的，有连绵不绝的雪山高峰，也有平坦低缓的平原盆地，有无尽的荒漠戈壁，也有成片的牧场和农田，十月份的吐鲁番仍然热得你无法承受阳光直射，而此时的阿勒泰山区已经大雪纷飞。在这里，能看到现代化的城市发展，也能看到哈萨克牧民自由原始的放牧生活，能感受到少数民族兄弟般的真诚热情，也能体会到不同民族之间巨大的文化差异。走进新疆，让我切身体验到祖国的幅员辽阔、河山壮丽与复杂的社会人文。

从大学生到一名教师，面临着身份上的变化与不变。变化的是要从大学生转变为独立承担岗位职责、接受检查考核的工作者；不变的是走向新的岗位所需要的技能和知识对我来说是全新的，课堂上学到的东西不能让我在支教岗位上如鱼得水，反而是在备课、批改作业、整顿纪律、教学方法等环节屡屡碰壁，仍要以学生的心态不断学习和摸索。

在得知我们的专业是法学后，卫校老师让我们帮忙看一份广播系统的工程承包合同。虽然自知法学专业知识不扎实却不得不硬着头皮帮忙，尽管反反复复、仔仔细细地将头脑中捉襟见肘的知识都运用了一番，合同履行过程中还是因为条款不清出了问题。这让我作为法学学生着实尴尬，也懊恼在大学校园中虚度了若干时光。面对着越来越多无法解决的各类问题，我开始对专业知识异常渴望，倍加珍惜研究生期间的学习机会。

郑永流教授的"凡我在处，便是法大"成为法大的一句格言，校园内经常在各种场合听到，虽然充满自豪却也无其他感受。离开校园，脱离法大人的群体时，才真正地体会到这句话所蕴含的不仅仅是归属和认同，更多的是沉重的责任。负责志愿者工作的昌吉项目办领导和卫生学校团委领导向其他人介绍我们时，总是要强调一下"这几个是政法大学来的"，而且直到现在，大多老师并不记得我们的名字，只知道"他们是政法大学的"。当我们做出微不足道的贡献时，有人会说"政法大学的高才生就是不一样"；当我们不够努力、犯了错误时，有人会想"政法大学来的也没什么了不起"。不论我们的好与不好，"法大人"都成了别人看待我们的放大镜，虽然我们只是法大数十万学子中的几个，但在昌吉卫生学校，我们理所当然地成了法大人的"代表"。我们必须要尽自己最大的努力，委屈也好、困难也好，不为别的，只为法大。

支教生活开始后，在人际沟通、工作压力和生活条件等方面确实遇到了一些困难。每当困难解决后，回头想想，当初的不安、焦虑、愤懑其实大可不必。经过这些困难的锻炼，最大的收获并不是学会如何克服困难，而是意识到困难是总能解决却总也解决不完的，并且发现即使处于困难之中，情况也往往没有想象的那么糟。面对困难时，平和的心态与理性的思考能让情况好转并顺利许多。

如果没有来到广阔西域、大美新疆，我不会看到让人心胸坦荡的壮阔河山；

如果没有作为一名支教老师，我不会拥有这么多可爱的各民族弟弟妹妹；

如果没有相似的经历、共同的理想，我不会结交下十一位人生挚友。

短短的时间让我改变许多，不变的是我那一年永远火热的青春和不悔的誓言。

青春·梦想

严雨寒 / 文

青春易老，而有梦想者，却可得青春长存。

——题记

忐忑的七月

于我而言，2012 年的 7 月充满忐忑。

之所以忐忑，是因为这是一个充斥着离愁别绪的月份——月初还在法渊阁前高唱离歌的我们，月中就穿着学士服在拓荒牛前留念，而后匆匆各奔东西。

之所以忐忑，是因为在校园里度过十几载安逸生活的我，即将走出象牙塔的庇护，开始走向另一段充满挑战的新征途。

之所以忐忑，是因为我将告别亲人，第一次独自离开家乡，踏上一片未曾到达过的土地，还将在这片被当地人称为口外的西域疆土，度过一年未知悲欢的时光。

所谓青春

2012 年 7 月 24 日，从北京到乌鲁木齐，3105 公里。面对全新的生活环境，初来乍到的兴奋，掩盖了之前所有焦虑不安的情绪。

在新疆大学培训的短短几天里，一切都充满新鲜。在培训期间，每天下午都有两个小时的军训时间，烈日炎炎下，来自五湖四海的青年们身着统一的志愿者服装，集合在训练场上。望着一张张与自己年龄相仿，并同样充满朝气的面庞，我似乎感受到了一种久违的力量，煽动着那颗早已不再平静的心——那一刻，仿佛已不再是数百人的队伍在前行，而是一颗颗跳动的小火苗簇拥在一起，熊熊燃烧。

直到后来，当我真正站上三尺讲台，望着学生那一双双渴求知识的眼睛时，我才猛然间体会到当初那一刻的意义：这似乎是一种传递，一种关于青春的传递。正值青春的我们，拉着青春伊始的孩子们的手，在用一段刻骨铭心的经历，领着他们一同体悟与从前不再相同的别样人生。

梦想绽放

我所在的支教地新疆昌吉卫生学校是一所中专学校，在这里，有这样一群孩子，他们或因家庭原因从小没有养成良好的学习习惯，或因没有考上普通高中而自暴自弃。作为一名德育心理教研组的教师，我在完成教学任务的同时，就更要对这些在心理、思想上有困惑的学生给予更多的爱与关心。

记得在初登讲台不久的一节课上，我与学生谈到了关于梦想的话题。当我问到他们都有怎样的梦想时，孩子们大多说的是去饰品店打工、在饭店当领班、在药店做销售之类，当有一个女孩站起来说自己的梦想是当主治医师时，却引来了班里其他学生的一片嘘声。随后，一名作为班长的男生站起来说："老师，其实您不会理解我们的想法，您在大都市里生活，名牌大学毕业，而我们生活在这样一个不分区的小城市里，念的是一所中专学校，哪怕读的是这所学校里最好的护理专业，并且成绩很好，在毕业以后也不可能会有太好的出路。因为现在连昌吉市的社区诊所，至少也需要大学本科学历才能参加应聘。"听完他的话，我一时无言以对。我忽然明白，或许自己走过的路，跟他们即将走的路的确相异，但在他们眼里，我与他们所面对的生活却是截然不同的。面对这样一群孩子，我也许改变不了他们的家庭环境、生活背景以及现实的处境，但我至少需要改变他们随波逐流的心态，以及对未来人生的无望，这比讲述书本上罗列的知识重要太多。从那以后，我不再苛求每一个孩子都能将课堂上讲授的内容全部掌握，而是经常给他们说说我的家乡北京，讲讲他们从没听到过的"外面的世界"。

直到有一天，当我在讲述关于制定人生目标的专题时，让学生在纸上写下自己的"五年规划"，并站起来与大家一同分享自己的想法。我忽然欣喜地听到，一位来自南疆喀什地区的维吾尔族女孩大声说："我要去北京读大学！"而这个女孩在说出自己的想法以后，得到的不再是嘘声一片，而是全班同学的掌声。那一刻，我倍感欣慰，觉得作为一名支教教师，我所做的一切都十分值得：虽然在这短短的一年时光里，我无法给予他们更多的文化知识，但我至少可以让他们同我一样，拥有一个真正属于自己的青春梦想，并且不再以卑微的姿态俯首于这个世界，让他们充满信心，并拥有一点点野心地面对今后的生活——告诉他们，生命的力量在于不顺从。

疆行，将行

一年疆行，使得我们一生都将背负长存于这片热土的情感行走在路上。

许多年以后的某一天，当我再次回望这段日子，我相信留存在脑海深处的，不仅仅是盛夏时当空烈日的炙烤，腊月里零下二三十度的冰天雪地，课堂上调皮学生的捣乱小动作，一定还会有夏日里从办公室就能眺望到的皑皑白雪的天山，冬天下班路上睫毛上凝结的小冰晶，下课后学生塞到我嘴里的一块甜甜的奶酪……以及我永远也忘不了的那一幕：在一次课堂自由提问时间，一位汉语水平不是很好，因而很少在课堂上主动发言的俄罗斯族女孩，没有举手，直接站起来用结结巴巴的汉语说："老师，你是我从小到大最喜欢的老师，没有之一。"

一年，太短暂。对于短暂青春来说，它只是其中的一个阶段；对于漫漫时间长河而言，它只是沧海一粟。正如那句老话：天下没有不散的筵席，我们终将离开这片热土，回到自己原本的生活轨迹。但一年疆行，将会是我们一生中最宝贵的财富。

因为，在这一年，我们燃烧着青春，完成了其他年轻人无法触及的梦想。

因为，我相信，青春易老，但对于梦想而言，将会由一代又一代的青年人继续传递下去，永不散场。

第14届研支团昌吉分团成员合影：李家樑、严雨寒、谭冬梅（从左至右）

第14届研支团成员李家樑（前排右五）在纪念五四运动合唱比赛后与学生合影

第14届研支团成员王超群讲授团课

▲ 第14届研支团成员严雨寒参与"五个昌吉"　▲ 石河子分团参加石河子二中素质拓展
主题演讲比赛获一等奖　　　　　　　　　训练暨入团宣誓仪式：向芝鑫、宋大维、
谢刚炬（从左至右）

▲石河子分团参加植树活动1：（左起前排从左到右）
朱芮、钱星、王秋辰、赵流连；（后排）孙忠瑞、宋
大维、向芝鑫、谢刚炬

◀石河子分团参加植树活动2

第十五届：筚路启程　砥节奉献

前言： 2013 年，中国政法大学第十五届研究生支教团由杨志等十九名法大本科毕业生组建而成，分赴新疆维吾尔自治区昌吉奇台县第二中学、第六小学，石河子市第一、第二中学，兵团四师六十八团中学以及兵团十师北屯中学展开支教帮扶行动。其成员包括孙春凤、葛莹、吕金柱、韩梦蝶、张雪永、佟川、刘驰、刘震、李超男、李春锦、滑蕊、刘彪、李振洋、杨玉清、张丽颖、岑虹瑾、徐晓晗及陈开元。一年的支教经历成了他们人生的宝贵财富，成为了他们用之不尽的精神食粮。

光荣与梦想同在，青春与奉献齐辉
——第十五届研究生支教团在四师服务纪实

杨志 / 文

召唤一只雄鹰飞翔的，可能是它寻觅着的一个瞬间目标，而召唤所有鲲鹏日复一日、年复一年飞跃征途的，则只能是那博大高远的蓝天。对于首次来到四师服务的中国政法大学研究生支教团来说，那博大高远的蓝天，正是他们知识强国的中国梦！

从 2013 年 8 月至今，来自北京的这样一群特殊志愿者扎根团场，辛勤工作，为支援六十八团的教育事业做出了重要贡献，谱写了又一曲大学生志愿服务西部的青春乐章。

蓝缕心暖 筚路启程

"中国青年志愿者扶贫接力计划研究生支教团"项目始于 1998 年，由共青团中央、教育部共同组织实施，在全国数百所重点大学中选派优秀志愿者赴西部边远艰苦地区开展为期一年的扶贫支教服务。一批又一批优秀大学生走出象牙塔，深入基层奉献青春，教书育人，他们为了心中共同的中国梦，毅然前往边远地区，带去知识、带去温暖、带去改变命运的力量、带去富强祖国的愿望，将"奉献、友爱、互助、进步"的志愿精神薪火相传。

今年，研究生支教团首次来到兵团四师，并最终选定六十八团作为首个落户基地。支教团的派出学校中国政法大学是中国法学教育的最高学府，享有崇高的社会声誉和广泛的社会影响力。

蓝缕心暖，筚路启程，五名研究生支教团志愿者为四师志愿服务事业翻开了新的篇章。

用一年不长的时间，做一件终生难忘的事情

"用一年不长的时间，做一件终生难忘的事情。"这是研究生支教团永远恪守的精神信仰。在全国人民同心共筑中国梦的时候，他们来到西部，也是选择了实现自己梦想的方式，生动诠释了"到祖国和人民最需要的地方去实现人生价值"的历史自觉。

"被人需要是幸福的。"教育永远是一项令人"衣带渐宽终不悔"的事业。一年来，五名志愿者融入团场生活，投身教育事业，成为了地道的六十八团人。他们作为六十八团中学的一支新生力量，在学校各类庆祝活动中扮演文艺标兵，在建校绿化中充当劳动骨干，在教学岗位上争做教坛新秀，成为六十八团中学重要的一分子，为六十八团中学的教学管理注入了新的活力。

尽管是初登讲台，五位老师却毫无惧色。差异意味着比较，比较意味着思考，思考意味着成长。他们带着东部发达地区的先进教育理念，结合团场教育实际摸索扩展学生视野和知识面的教学方法，形成了独特的教学风格，

他们的公开课已成为全校老师争相推崇的范例，而他们的学生也因为喜欢一个老师而从此喜欢上了一门课。

"有的人一辈子收获不了一滴眼泪，而在这里我们却每天都被感动包围着。"面对略显陈旧的校舍和落后的教学设施，他们在尽力给孩子们带来改变。教小学二年级语文的孙春凤老师告诉我们，她喜欢每天在同学们齐齐的朗诵声中踱着步子，透过教室的窗户眺望远处连绵的雪山，珍惜每一天诗意的生活。担负初三教学任务的韩梦蝶老师为了辅导学生，晚上总是很晚才离开办公室，伴着月光轻快走回小屋的路上，徘徊着阵阵的桂花清香，这正是对晚归人的等待和奖赏。"支教的一年或许不是我人生中最重要的一年，却是我永远不会后悔的一年。"是的，他们就是这样诗意而勤奋地栖居在伊犁河畔的宁静团场，体会着奉献带给自己人生的充实享受。

中国梦，大学梦，我的梦

"我们希望成为外面世界的窗口，成为新思想的使者。"对于支教团老师来说，在一年短暂的时间中，除了要搞好教学工作，更重要的是点燃学生梦想，拓宽学生视野，点亮他们的眼神，为学生长远发展播下希望的种子。研究生支教团的老师们不断拓展学校德育教育平台，精心组织了一系列以"中国梦，大学梦"为主题的励志讲座，通过向学生讲述丰富多彩的大学生活，交流学习经验和方法，在学生中播下了到北京上大学的梦想种子。

吕金柱老师告诉同学们："人生的价值，并不是用时间，而是用深度去衡量的。不同的人，他们所拥有的时间的价值是不一样的。"葛莹老师告诉同学们："有些鸟注定不会被关在笼子里，因为它们的每一片羽毛都闪耀着自由和理想的光辉。人的命运可以选择，而梦想是靠自己的努力去捍卫的，我们必须做到每次回忆时，对于生活都不感到负疚。"

近距离聆听着来自北京的老师们的讲述，第一次让学生们觉得梦想其实离他们如此之近。一位维吾尔族女孩大声说："我要去北京读大学！"当她勇敢地说出自己的梦想以后，得到的不再是过去的嘘声一片，而是全班同学用掌声带给她的鼓励。这一情景深深感动了支教团的老师，"那一刻，我倍感欣慰，觉得作为一名支教老师，我所做的一切都十分值得。虽然在这短短的一年时光里，我无法给予他们更多的文化知识，但我至少可以让他们同我一样，拥有一个真正属于自己的青春梦想，并且不再以卑微的姿态俯首于这个世界，让他们充满信心，并拥有一点点野心地面对今后的生活——告诉他们，生命的力量在于不顺从。"

也许东西部地区现实条件的差距总会让支教之初那种雄心壮志受到无情打击，但现实的困厄也恰恰是这里需要志愿者的原因。研究生支教团的可贵之处就在于在支教的岗位上勇于承担、甘心奉献。对他们来说，哪怕只能尽一份绵薄之力，也是一种心安。

当了解到六十八团中学还没有针对学生的奖励基金的时候，支教团的杨志老师带着对孩子们的牵挂，利用寒假返家探亲的机会积极联系江苏的社会力量捐资助学，并发动其他志愿者每人捐出自己一个月400元的生活补助，共筹集资金30 000元，首次在六十八团中学成立了针对中考成绩优异学生的奖学金。

六十八团中学校长在接过捐赠支票时激动地说："中国政法大学研究生支教团奖学金的设立，不仅是一种物质激励，更是一种精神引领，必将鼓舞六十八团中学学生为实现自己的大学梦和报国梦不懈奋斗，共同在中华民族伟大复兴的中国梦中谱写属于他们自己的辉煌青春乐章！"

如期而至的不只是离别，还有幸福和快乐；与日俱增的不只是年龄，还有历练和经验。左手大漠荒沙，右手温润繁华。这一年，支教团志愿者用自己的青春和积攒的学识去传递梦想；这一年，他们在团场接受着最平凡的感动，将兵团精神深深融入了他们的血液，心怀着感恩努力工作；这一年，他们在实践中接受着锻炼，在闲暇时潜心学习，在春花烂漫秋叶飘零之后，又一次沉淀了生命的重量。

中国政法大学研究生支教团志愿者奉献西部教育事业的梦想必将伴随着志愿精神的薪火相传而长期扎根，永远延续！

明年丰收时节，在那蔚蓝的天空下，又一队青年志愿者将踏歌而来！

▲ 第 15 届研支团：2013 年 7 月从北京飞赴新疆合影

▲ 第 15 届研支团阿勒泰分队 1：李振洋、滑蕊、李超男、李春锦、刘彪

▲ 第15届研支团阿勒泰分队2：
李超男、滑蕊、李春锦、李
振洋、刘彪

第15届研支团伊犁分队1：葛莹、▶
孙春凤、韩梦蝶、杨志、吕金柱

▲ 第15届研支团伊犁分队2：吕金柱、韩梦蝶、杨志、孙春凤、葛莹

第十六届：多彩云南　大美新疆

前言： 中国政法大学第十六届研究生支教团组建于2014年，林稼朋、张英男、冯亮、王敬妍、曹莹、马宁、万晓艺、瞿迪希、徐文红、景昌霖、陈新琦、高维钊、陈梦佳、宣言等人主要服务于新疆维吾尔自治区伊宁市以及石河子市。刘奕初、张可欣、孙立、欧阳晓滨、吴美辰、刘铁洋、谭冰玉、逯容如及陈嘉林则被分配至云南省昆明市进行支教工作。支教之旅艰苦过，但也欣赏过美丽风景。

绽放志愿之花、浇灌奉献之水
——第十六届研究生支教团工作纪要

张可欣／文

在经历了难忘的毕业季之后，我校包括张可欣、陈嘉林、刘铁洋、刘奕初、逯容如、欧阳晓滨、孙立、谭冰玉和吴美辰在内的九名同学，于2014年7月下旬抵达云南昆明，参加支教培训，并由此开始了我们为期一年的西部计划支教活动。

云南是个美丽的地方，但是对于一个大部分由北方人组成的支教队来说，适应环境、适应气候成为了我们的难题。在当地领导、学校老师的关怀下，我们努力适应，终于克服了这个问题，并且更加专心地投入到了支教工作中。去年九月，我们九人正式开始担任昆明寻甸县风合中学、者己中学、金源中学和红土地中学的任课教师，授课科目包括物理、生物、化学、地理、历史、英语、语文和计算机，教授年级涵盖初一至初三。由于个别学校师资力量薄弱，志愿者有时需要承担多达五个班的教学任务，每周课时达到二十节左右，为支教地学校分担了相当一部分教学工作。我们也非常重视支教学校领导分派的教学工作，做到认真负责。每天积极备课、授课，并且向学校有经验的老师求教，探讨如何更好地教学，保证同其他在职教师一样，按时按量完成工作。在与学生相处方面，由于云南的偏远地区大多存在不重视教育的现象，所以当地学生的学习习惯相较于发达地区有很大差距。为了培养学生的学习兴趣，我们充分利用自己的知识、资源，努力为学生开拓视野，例如运用多媒体设备播放视频、PPT 等，运用现代教学模式来丰富课堂、引导学习，并且取得了良好的效果。

除了日常教学，我们还承担了学校的一部分艺术类教育工作。在开学之初，各学校领导大多反映校艺术类教师的缺乏，艺术教育水平低，校内文艺活动匮乏。应校领导要求，我们利用自己的才艺和大学时代的积累，指导当地学生开展文艺活动，涉及舞蹈、声乐、戏剧等多方面，丰富了学生的课余生活，也弥补了学校文艺教育的不足。志愿者们还经常参加教学以外的其他活动，积极融入当地生活，如在学校文体节期间担任裁判、评委，主持学校大型活动，参与乡镇举办的朗诵比赛、节日庆典等，与学校老师、当地群众建立了良好关系。值得一提的是，我们以"中国政法大学第十六届云南支教团"的名义为当地一所新欣希望小学兴办了一间图书室。这间学校地理位置偏远，只有五十名学生，硬件条件落后。我们红土地的两名志愿者了解到孩子们连一本课外书都没有，在她们的发起下，我们九人利用微信、微博等平台，发动同学、朋友为山区小学募捐图书，共计募得图书近 2000 本，得到了校长的真诚感谢，并邀请我们参加学校儿童节图书室开幕的庆祝活动。我们的活动还得到了昆明媒体的关注，派出记者进行采访，向大众传播，同时也作为党员先锋活动在学校得到宣传。

新疆石河子分团的十名成员在有着"沙漠绿洲"称号的年轻城市——新疆生产建设兵团第八师石河子市开展了为期一年的支教工作。时间如白驹过隙，转眼间一年的支教时光已经离我们而去，但这一年却在我们全体支教团成员的心中留下了不可磨灭的印记。高维钊、陈新琦、陈梦佳服务于石河子第一中学，担任通用技术学科教师；瞿迪希、万晓艺、马宁服务于石河子第二中学，其中瞿迪希、万晓艺担任英语学科教师，马宁担任政治学科教师；曹莹、宣言服务于石河子高级中学，曹莹担任历史学科教师，宣言担任少数民族班汉语学科教师；景昌霖、徐文红服务于石河子第九中学，景昌霖担任自然科学学科教师，徐文红担任心理健康学科老师。

在教学工作之外，我们同样积极开展其他志愿服务。经过支教团全体队员的激烈讨论并和学校相关部门商议后，支教团结合我校特色，开展以未成年人为服务主体的"温暖石城，法爱同行"活动，志愿者们通过普法宣传、心理辅导、联合学校举办普法辩论赛、联合司法系统进行专题讲座等形式投身志愿服务中。该项目成功入选团中央志愿者工作部、中国青年志愿者协会秘书处联合真维斯国际（香港）有限公司共同举办的"第16届中国青年志愿者研究生支教团真维斯接力项目"，并获得1万元资金支持，得到八师石河子市党委、政府的一致好评。

支教团的最后四名成员林稼朋、张英男、王敬妍、冯亮同期抵达伊宁市，开始为期一年的支教生活。伊宁市为伊犁哈萨克自治州首府，地处新疆西北边陲伊犁河谷，四季分明，水草丰美，夏有鸣蝉绿树清凉风，冬拥瑞雪冰川馕坑肉，既有完备的现代化城市服务功能，又有原生态无污染的自然环境，是名副其实的"塞外江南"。我们的服务学校位于兵团四师机关驻地西侧，校园硬件设施完备，师资力量齐全。我们在老教师的引领、指导下了解教学内容、规划教学框架、准备教案、旁听课程并最终获得走上讲台的机会。

与此同时，四人组成"普法志愿服务队"，并于2015年6月在伊宁市阿合买提江路北社区开展了"党员进社区"普法志愿活动，通过编写婚姻、继承、老年人权益保护、青少年犯罪等方面的法律知识手册、案例展示、互动交流等方式让社区居民了解与个人、实际生活紧密相关的法律知识，提高他们维护个人合法权益的意识，倡导合法有效、利于家庭邻里关系和谐的纠纷处理方式，尽己所能助力和谐社区的构建。

　　短暂的支教生活已接近尾声，中国政法大学第十六届研究生支教团完满地完成了任务。相对特殊的机会给了我们特别的经历与体验，在同龄人刚刚踏入社会、进入工作岗位或者继续升学深造的时候，我们有机会在求学期间一窥社会之貌。我们相信，这样一年的宝贵经历将帮助我们在对自身有了更加明晰认知的同时也为自己的人生勾勒出一笔新的艳丽色彩。

最亮的那一抹色彩

陈新琦 / 文

"用一年不长的时间，做一生难忘的事"是我对支教的最初认知，彼时我以为这一年是在生命里按下一次暂停键，让我暂别学业去感悟生活，但当我真正体验过才发现，我按下的不是暂停而是快进，一年的志愿时光猝不及防间就已匆匆流逝。当站在五月的尾巴上回望，我望见的，是一段无悔的青春，是生命里最亮的那一抹色彩。

——题记

"到西部去，到基层去，到祖国最需要的地方去。" 2014 年 7 月，我们在这样的歌声中迎来了自己的志愿生活，开启了一段别样的人生旅途。在兵团司令部前，我们庄严承诺，要做"大熔炉里的催化剂，稳压器上的螺丝钉，试验田里的排头兵"。踌躇满志，满心期待，我们奔赴各自的服务地。而我，作为法大研究生支教团的一员，来到了美丽的八师石河子，成为了一名光荣的人民教师。

终于站上心驰神往的三尺讲台，是支教，更是圆梦。从第一次上课时的紧张忐忑，到现在讲题时的泰然自若，一年里的每一次课堂，我与学生们共同成长。第一次上课时，我对学生们说："对于你们而言，我或许只是你们那么多老师中极普通的一个，但对我来说，你们是我的第一届学生，也或许会是我这一生中唯一的一届学生。"一年里的每一堂课于我，都无比珍贵，也都让我全力以赴。令我倍感幸福的是，经过一年的努力，我也收获了孩子们的认可。当他们交上认真完成的作业的时候，当他们和我分享他们学习生活中的喜悦和苦恼的时候，当看到他们写给我："在这世上珍贵的东西总是罕有，所以这世上只有一个你"的时候，我总感到，自己是何等幸运，可以拥有这样一段美好的体验，能够遇到这么一群可爱的学生。

　　课堂之外，这一年参加的志愿活动，也让我感触颇深。在敬老院中与老人们聊天，听他们亲切的絮叨，慈爱的叮咛，以及反反复复地讲到的很多回忆、故事。操心了一辈子的老人家们，念念不忘的依然是子女，物质条件的优渥往往不及儿女们一声问候、一次探望更让他们欣喜，那些望眼欲穿地等待儿女来看望的老人们，让人感动又心酸。而去福利院陪孩子们玩耍，又是另一番感受：在与他们从最初的隔阂到慢慢熟悉的过程里，常常会感受到他们的敏感、小心翼翼和他们内心深处对爱和陪伴的热望，当他们逐渐信赖你的时候，当看到那些过早成熟的假面下一颗颗一样天真，甚至更为纯净的童心的时候，那种触动常常难以名状，就像支教团一位伙伴说的："有些人会让你相信见到了天使，他们比别人缺失的是为了掩藏比别人富有的。"

　　这一年中，还看到了太多美丽的风景。在喀纳斯，那些映入眼帘的湖光山色，那种撞进心底的明媚色彩和那些夜晚看到的璀璨星光，壮阔又明艳，铭刻在脑海中无法忘怀；在石河子，从夏季凉爽清新到让人不舍早早入眠的夜晚，到秋日黄昏洒在满地落叶上那一缕浪漫的斜阳，再到冬天里终日不化照得整个世界分外明亮的白雪，都荡涤心灵，惬意得妙不可言。而热情好客，坦诚爽朗的当地人，更让这个美丽的城市添了一份气度和温情。曾路过一家清真餐馆，门口烤馕的少数民族小哥一边娴熟地揉面，一边大声哼唱歌曲，那样自然而动听的嗓音让人沉醉，而当你望向他时，他回馈给你的那种毫无保留的真挚笑容没来由就让人觉得亲切无比。

　　"当时只道是寻常"，随着别离的临近，在这里的生活点滴都开始让我无比依恋。这座承载了太多欢笑泪水的城市，那些给予我太多温暖感动的友人，还有这些恬淡充实的小日子，我要怎样和你们告别？真希望最后这一段时光能够慢一些，再慢一些，让我把你们记得清楚些，再清楚些。

　　无论多么留恋，终有一天，我们将会别离。那一天到来时，我便会期待再次与你们相遇。而我也相信，再见一定不会太遥远，因为这里早已是我的第二故乡，因为这一切，早已融进骨血，镌刻在我生命的年轮上。

【后记】写下上面这篇文章的时候，是2015年的5月，当时的我即将结束一年的支教生活，作为临近离别时的一篇随笔，记录了我对那一年的难忘生活的简单回顾。而如今，2018年的3月，我回到学校已经两年多，即将研究生毕业的我，站在了人生的又一个十字路口。回望新疆的那段生活，仍有那么多鲜活的记忆，像是昨天刚刚发生过一样闪闪发亮，我依旧怀念那座美丽的小城市，怀念那种充满热情和活力的生活，想念在那里遇见的那一群可爱的人们，并依然庆幸自己曾作出那样的选择。时至今日，我再次回望那段时光，望见的仍是一段无悔的青春，是生命里最亮的那一抹色彩。

▲第16届研支团与兄弟高校成员参观第八师石河子市军垦博物馆

▲ 石河子八师兵团十一月志愿者中
期培训结训合影：一排：陈新琦、
曹莹、高维钊、徐文红、万晓艺；
二排：宣言、陈梦佳、景昌霖、
马宁、瞿迪希（从左至右）

▲ 石河子分团到石河子儿
童福利院慰问

云南分团"爱心图书室"
▼ 捐赠云南东川 2

▲ 云南分团"爱心图书室"
捐赠云南东川 1 左起 上
排：刘铁洋、陈嘉林、
谭冰玉、刘奕初、吴美辰；
左起 下排：孙立、张可
欣、逯容如

第十七届：蒙以养正　果行育德

前言：中国政法大学第十七届研究生支教团诞生于 2015 年。陈琛、庞智嘉、李思琪、孙姝、吕云川、冯金宇、姚利明、张晋铭、高雅、夏晨鹏、苏光锦、刘昊石、吴一凡、黄铃慧、黄子洋、杨璐嘉、王之岳、罗南森、韩庭轩、柏懿娜二十名成员分别在新疆维吾尔自治区石河子市第一中学、第二中学、高级中学，四师第一中学、第二中学，北屯中学，八师第二高级中学就职。齐轲、李昊、陆永久三名成员则被分配至云南省姚安县大成中学展开支教工作。这一年的支教生活，是充实的，是满足的，带着满满的不舍。不舍充满活力的校园，不舍活泼可爱的学生，不舍这段收获颇丰的人生经历……

北屯植柳

黄子洋 / 文

从新疆回来已有数月，尽管和其他支教的伙伴一样，早已投入到崭新又忙碌的研究生生活中，但我依然会在某个不经意的瞬间想起那些在讲台上的日子，想起北屯的阳光与风，想起远方那些孩子的模样。

2015 年 7 月，我们第十七届研究生支教团在学校进行了最后一次会议，准确讲是出征仪式，因为月底我们就将抵达各自的服务地。我被分配到的服务地是新疆生产建设兵团第十师北屯市，和很多志愿者一样，此前我从未到过新疆，但这片拥有独特魅力的土地却早已让我充满期待。犹记小时候读《大唐西域记》，书中描述这里"山谷相属，川泽连原；土产金铁，宜郁金香"。

不仅如此，左宗棠为了保护这片土地，曾经南平柏乱，北拒沙俄。于是我就带着这样的想象来到新疆，在艳阳高照的七月，当火车行驶过壮美的河西走廊，进入新疆，一点点靠近十师，靠近北屯时，那从眼到心的震撼与激动令我至今难忘。原来，大漠风沙的另一重含义是宽广富饶；原来，昔年种下的左公柳，如今已蔚然成林。或许就是从那时起，我就打定主意也要在这片土地上种下自己的树木，而我手里的种子，便是我能传授给新疆孩子们的知识。

壮美的土地必然会孕育出可爱的人民。新疆是一个多民族杂居的地区，他们使用不同的语言，书写不同的文字，遵循不同的传统。但是他们也有着共同的特点，那就是待人真诚，行事淳朴，古风犹存。在北屯中学的这段时间里，我常常会觉得我的付出与这片土地给我的回报是不对等的，因为我所能做的，只是传授知识这一件事，而我的学生和北屯的人民却用了千百种方式，给予了我们这些离家万里的大学生无限的温暖，也让我明白了很多我不曾懂得的道理。

当我自己在上中学的时候，我并不明白学习的意义，我觉得那是家长的安排，或者是社会赋予我的义务。总之，上学是一件我必须做的事情，而不是我自己愿意做的事情。而当我踏上北屯中学的三尺讲台，真切地看到孩子们热切的眼神的时候，我才明白，原来学习是我们的一种本能，求知是我们自然的天性，学习的意义并不复杂，学习的意义就是学习本身——这是我的学生们教会我的。

在我第一节课的课堂休息期间，孩子们把我团团围住问我："老师，北京是不是很大，有很多高楼，还有很多免费的书可以读？""老师，大学是什么样子啊，我以后也能上大学么？"这些话听起来像是闲聊天，但是我有些惊奇地发现，他们在问这些问题时，那表情和眼神与他们在课堂上听讲和提问时的别无二致，都是那样的渴望，那样的纯粹。这些眼神告诉了我，了解自己不知道的东西，就是学习。而我们，可能给学习附加了太多复杂的意义。

随着教学的进展，孩子们兴趣的广泛和求知欲的强烈显然超出了我的预期。得知我们来自中国政法大学，他们问我，"什么是法律""如果法律不公平我可以不遵守吗？"这些孩子们显然无法意识到，他们问的是一个个最深刻的法理学问题，是法哲学家们争论了上千年也没有定论的问题。扪心自问，我在中学的时候，恐怕是不会对这些问题感兴趣的。为了满足孩子们的好奇心，我们支教团在服务学校开设了法律讲堂，向他们普及一些基本的法律知识。同时，我们也推荐了一些书籍给他们，希望能够授人以渔，告诉他们要学会自己思考，自己去寻找答案。

可孩子们给我的反馈却令我们有些吃惊：这里没有那些书。曾经我以为图书是最基本的，最理所应当被我们享受的资源；曾经我以为这个世界上只有我们不愿意看的书，没有我们想看而找不到的书。没想到，在这里，在北屯，这样一种我们看起来理所应当的资源却是如此匮乏。于是，我们支教团向法大的师生校友发出了捐赠图书的号召。所幸这一号召得到了大家的积极响应，截止到服务期结束我们共收到了两千余册捐赠书籍。这听起来是一个很庞大的数字，但身处其中的我们明白，相比于孩子们强烈的求知欲，我们做的这些远远不够，林林总总各项工作都需要一代一代支教人的不断积累才能完成。

可是无论怎样，孩子眼中的世界总是美好的，他们自发地将书籍进行了归类整理，还自己建立了借阅规则，他们自己的小图书馆就这么红红火火地开办起来了。看到他们捧着各式各样的图书细心阅读时，我所感受到的不仅仅是帮助他们带来的满足感，更有心中许久未曾出现的责任感。我觉得我多年的学习经历终于找到了它的归宿，因为我面对的是一群极其需要它们的人。

然而孩子们带给我的感动远不止这些。当他们知道我们只会教他们一年时，孩子们纷纷流泪了，拉着我的手说："老师，你能不能教我们久一点，我保证以后好好学习。"当他们的考核成绩不尽如人意，我面露些许失望和不满时，他们塞给我小纸条说："老师您别伤心了，下次我一定努力。"诸如此类，不胜枚举。而这些感受，都只能是去亲身经历才会体验得到的。

新疆幅员辽阔、大美不言，可对于这些孩子们来说，世界就是校园那一方小小的天地。厚重的土地孕育了他们淳美的心灵，当他们喜欢你时，他们会有一千种表达喜欢你的方式，幼稚却格外真挚。虽然服务期已经结束，但我却一直想念着那片土地，如果以后有机会，我还愿回到新疆，完成这段缘分的下半场。这或许不仅仅是我一个人的愿望，在此之前，西部计划的前辈付辉平师兄就已经选择回到新疆，去完成他的下半场了。我在北屯支教期间听说了付辉平师兄的故事，2005 年付师兄和我一样来到了兵团十师一百八十六团支教，两年的服务经历，使付师兄与兵团结下了深厚的情谊。在 2007 年他完成志愿服务回到原籍后，仍然对新疆，对兵团难以割舍。于是，带着这份难以割舍的情感与几乎是相伴而生的责任感，付师兄毅然决然地放弃了深圳优渥的工作环境，再次西进回到新疆，回到了兵团的怀抱。如今，付师兄是兵团十师北屯市住建处副局长，他用他的才华和汗水践行着他对新疆的诺言，想必多年后兵团的左公柳，也会有一株是师兄手植。

团中央西部计划如今已走过二十余年的岁月，在我看来，到西部去，到兵团去，绝不仅仅是一个空洞的口号，也不仅仅是一项冰冷的政策。虽然我们已经远离了那个火红的年代，但我们仍然能够看到一批又一批青年学子在没有价值说教、没有利益诱惑的情况下前赴后继，奔向这片热情的土地。因为这片土地似乎有她独有的魔力，使得每一个看到她景色的人都为之折服，使得每一个服务于此的人都会永久怀恋，使得每一个与新疆人民生活在一起的人都会幸福愉悦。这片土地曾引得玄奘法师在此起誓："宁可向前一步死，誓不回头作彷徨。"这片土地曾引得易中天先生在三十年之后还会为之撰写《兵团纪念歌》。这片土地也引得今天的我，即便已经离开，但依旧久久不能忘怀。

我们总在问支教的意义是什么，如今可以确定地说那不仅仅是去传授知识那么简单。就像我们去新疆服务，其实也是我们的需要，因为这是一个广阔的平台能让我们学有所用，用得有意义；这更是一个难得的历练机会能使我们迅速成长，成长得有价值。而新疆也需要我们，是因为在那里有太多的处女地需要我们去开垦，有太多的空白需要我们去填充，因为这片土地需要变得更加平坦。

法大的学习时光教会了我要怀有一颗赤子之心，要让志向关乎家国情怀和公共关照，而服务于新疆就是对我们所学的一种践行，它使得我们的青春因此而更加有意义。转眼法大研支团即将走过二十载春秋，成员由最初四人发展到如今二十余人，服务地也遍布了祖国的大江南北。在过去的日子里，研支团的成员不仅通过西部计划支援教育，更带着法大人独有的社会责任感在各服务地开展法律援助、普法宣传等服务项目。虽然我们这一届的志愿者将走上工作岗位，但值得庆幸和骄傲的是，法大研支团会不断迎来新的成员来鲜活这支队伍，我们也将一直践行"法大研支团"的精神风貌，并将一直铭记这段难忘又值得的经历。

▲ 北屯分团成员在北屯中学开展12·4法治辩论赛：黄子洋、苏光锦、刘昊石、吴一凡（二排左一至四），夏晨鹏、高雅（二排右一至二）

第17届研支团成员参加兵
团培训会后合影

第17届研支团成员参加出
征仪式

第17届研支团成员参与教
研活动

▲第17届研支团成员罗南森在教学
课堂上

▲第17届研支团成员组织参加
养老院志愿活动

▲第17届研支团石河子分团成员
为邢辣小朋友举办义卖活动

第17届研支团石河子分团成▶
员组织参观军垦博物馆、感
悟军垦历史

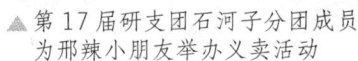

◀第17届研支团团长黄子洋
于2016年3月参加新疆生产
建设兵团志愿者演讲比赛荣
获第一名，后代表新疆生产
建设兵团赴全国二十余所高
校进行优秀志愿者巡回宣讲

▲第17届研支团成员杨璐嘉
辅导学生学习

▲第17届研支团成员杨璐嘉
讲授宪法阅读课

▲第17届研支团援疆志愿者培训大合影

黄子洋作为西部计划志愿者代表赴井冈▶
山参加第18届全国高校研究生支教团
团长培训会并进行宣讲

▲刘昊石讲授法律课程

▲石河子分团参与足球篮球交流活动

▲石河子分团组织"温暖衣冬，
额敏一中校园行"活动

云南分团成员准备去上课（左起）▶
齐轲、陆永久、李昊

第十八届：薪火相传　热土高歌

前言： 2016 年，中国政法大学第十八届研究生支教团分赴各地开展为期一年的支教生活。其中李伽宁、吴佳宝、魏子玥、孙蕾蕾、许天明、吴杨洋、樊伊琳、孙铭锴、鞠团、赵南境、赵志垚、何新宇等人分别服务于山西省石楼县各中小学，罗海月、詹薇斯、陈超哲、石盛江被分配至江西赣州市小布中小学，周鑫、高奇、张晓奕、田换林被分配至新疆维吾尔自治区石河子市第一、第二中学任职，姚迪、何方以及张优悠则于云南省姚安县大成中学展开工作。祖国四省七地，留下法大支教人的身影与印记。

到祖国最需要的地方去！

——第十八届研究生支教团随想

许天明 / 文

2016 年 7、8 月份，第十八届研支团的成员们先后抵达各自的服务地，准备开展为期一年的支教生活。时光如白驹过隙，一转眼一年已过，我们的支教之旅在 2017 年的 7 月画上了一个圆满的句号。回首一年，我们扎根于祖国的四省七地，一心埋头于支教事业。

晋善晋美，唯此石楼

山西分队的故事开始于山西省石楼县，这里的一切都带着极强的农业气息，甚至有些落后。土窑洞，摩托车，泥泞的土路，以及散落在山头的农作物。

但就是在这么一片物质条件极其匮乏的土地上，我们收获了值得珍藏一生的财富。学校基础设施基本完善，但随着城乡教育布局的调整和城镇化进程的发展，本地的适龄学生，大多都选择了进城读书。镇上的中学成为了义务教育的兜底防线。学生基础差、教育资源缺乏成为最根本的问题。在这里，团员们承担起了关键学科的教学任务、成为骨干师资力量。在教学之余，还依托母校和自身特长，开展了许多拓展活动为孩子们的全面发展贡献力量。令人欣喜的是这一切的付出都有了回报。有的队员在这里成为了学科带头人和教学能手，多次代表学校参加教学评比，并取得了优异成绩。有的队员所教科目成为孩子们的优势学科，学生成绩直线上升。还有一个父母离异的孩子，原本因家庭的变故而产生了厌学情绪，在志愿者的鼓励之下逐渐走出了阴影，成绩从中下水平一跃成了班级第二，成为班级各方面的佼佼者。"十年树木，百年树人"，"教育扶贫"能让贫困地区的孩子掌握知识、改变命运、造福家庭，是最有效、最根本的精准扶贫。教书是个良心活儿，一声声老师，让我们始终提醒自己不忘初心，让我们明白理解与爱比期待更重要，让我们时时刻刻以身作则，把自己最好的一面展现给他们。很庆幸孩子们的十三岁有我们的陪伴，更庆幸我们的一生中有他们的参与。石楼这个地方，我们会永远铭记。

大美新疆，辽阔边塞

一年前，新疆分队满怀期待，满心欢喜，进入占中国面积六分之一的魅力的新疆，博大的新疆，壮观的新疆。回忆一年的支教生活，感触颇多。虽然通用技术和政治课程都不是主要的课程，但对于我们而言，认真备课，认真讲课是对我们自己负责，也是对孩子们负责。希望在我们的课上，能够看到孩子们对知识的追求和渴望。除了教学工作，支教团先后开展了高考经验分享会，每周开展社团活动，成立了辩论队和模拟联合国社团，定期开展团日活动，发展入团积极分子，学习习近平总书记讲话等重要活动。带领孩子们了解学习以外的世界，开拓了大家的视野。很庆幸，在结束时，得到的是孩子们的肯定，结束后还能够收到孩子们学考通过的好消息。也很庆幸一年教学生活，学校带我们和刚入职的年轻教师一起参加户外团建活动，元旦一起包饺子感受家的温暖，在服务期结束之时为我们送行，我们还感受到了八师石河子辛苦为我们提供的互相学习、互相了解的平台，从岗前培训的破冰游戏，到岗中培训的汇报演出，再到服务期结束时送给我们的小惊喜、小礼物，真的感谢。从学生到教师的转变，让我们走出青涩，更加深刻地认识我们自己，这不仅仅是角色的转变，更是一种责任的转化。我们从一个求学者变成了一名授人以渔的从业者，亲身体验到了基层教育的艰辛与神圣，也慢慢领会到"到西部去，到基层去，到祖国最需要的地方去"的深刻含义。

红色热土，江西风采

江西分队在小布镇总体的工作分为常规课务、行政工作及校园文化建设和当地政府的辅助工作。非师范专业毕业的我们没有登上过讲台，没有练过板书，没有写过教案备过课，没有改过卷，可是开始上课后我们四个都在为上一堂更精彩的课而努力着。有队员挑起了九年级毕业班中考的大任，也有队员的公开课屡获表扬，还有队员尽心尽力做了一年的班主任工作，受到了学生和家长的一致好评，在第一学期期末考拿到了全县第一的好成绩时觉得那天的星空都好闪亮。我们在日常工作之余也在思考农村基础教育的问题，发掘解决方案，希望能够从本源上帮助到同学们。一年有三百六十五天，一个学期有二十周，刚毕业的时候总觉得这一年很漫长，现在快结束了却在感叹时光匆匆，一年的相伴就快要结束了。一年的支教生活有太多的感触，有过惊讶，有过心酸，有过欣喜，有过心疼，也有过无奈。但总体来说是对这里的眷恋。最后几节课望着课堂上那些嬉笑的面庞心中不由得感慨，感慨时间过得那样快，回想起第一天见面的场景还是觉得很熟悉很有趣，那时我们手足无措他们满脸好奇。这一年里和学校的老师们谈天说地，开玩笑讲段子，觉得在乡下的日子也过得有滋有味，依山傍水的小镇有的是慢节奏和安详，这里的人们热情好客，碰到了总会笑眯眯地道一句"到街上去啊"，总觉得这样的同事、邻里关系很舒服。时光带走的是地理距离，带不走的是我们结下的深情。临走之时能够说上一句"纵使时光匆匆，我们无愧于心"，这便是一份令人满意的答卷。

青年本色，姚安印象

云南分队秉承法大支教团优秀传统，全身心投入到贫困地区教学服务工作及扶贫减贫工作之中，出色完成了各项教学任务，受到了当地领导、教职工以及广大学生的好评。分团三人在负责教学岗位期间，充分结合当地学生学习背景及自身学科优势，肩负起相应的教学使命，尽自己的努力协助当地教职工工作，着力于培养学生成长成才。三名支教团成员分别负责教授高中数学、高中政治及初中道德与法治科目，在日常教学中投入巨大精力，认真完成每日的备课及作业批改工作，并充分利用课余闲暇时间与学生们互动，了解他们的学习需求与疑难问题，努力建立与学生们之间的情感纽带。此外，还积极参与筹备主持校内各项重要活动，协助姚安一中筹办、组织一百周年校庆，开展 12·4 普法活动，等等。作为楚雄州姚安县共青团的重要后备力量，我校研究生支教团云南分团在工作之余，大力协助当地共青团组织举办各类活动，有效推进了姚安当地扶贫减贫工作的开展。除此之外，我校研支团成员更利用闲暇时间，开展下乡调研活动，了解我国当前减贫扶贫的政策与效果，有效发挥了志愿者的先锋模范作用，彰显了研究生支教团成员热心公益、服务基层的宗旨。此外，我校研究生支教团云南分团成员更秉承支教团的社会服务职能，积极协助当地政府开展相关工作，工作成果反馈良好。此外，在姚安县当地政府同以色列方面协商建立中以合作农业示范园区的项目建设过程中，我校研支团成员曾作为翻译全程陪同，受到了各方面好评。这一年的经历足够丰富，回味无穷。

一年的服务已经结束，但是总觉得支教是一个提起来会让我们满心欢喜的事情，于情，于理，于人，皆如此。支教这一年里遇到了很多可爱的人，发生了很多有意思的事情，我们既感受到了当地人的热情，也感受到了同学们对知识的渴望。我们的工作是平凡的，我们的力量是渺小的，然而我们的付出绝不是徒劳的。也许我们以后会在北京相遇，一个是曾经有过一年难忘支教经历的青年，一个是从山村考入都市的志在四方的少年。

我来到你的城市

吴佳宝 / 文

石楼县，国家级贫困县，经济总量处于吕梁市末位，是国内少数仍没有通高速公路的地方。

石楼二中，坐落于山西省吕梁市石楼县义牒镇，是石楼县最大的乡镇中学。我来到这里支教已经有将近三个月的光景。

三个月前，我还是一名应届大学毕业生；而现在，我已是一名乡镇中学的初中教师。

从吕梁离石机场出发，开车三个小时到达石楼县，再坐四十分钟的班车，才能到达支教学校所在的义牒镇。

这是一个被山环抱的镇子，我们熟悉了学校之后到处逛逛，发现这镇子的确不小，住户也很多。我们三个算是镇上的"外人"，走到哪里都被密切地关注着，而镇上的人也都知道我们是"二中从北京来教书的老师"，对我们十分客气。

如期而至的开学，让我们很快将注意力集中到学生身上。我和子玥分别担任新一届初一129班和130班的语文老师，并担任班主任，且分别兼任初三一个班的历史老师；伽宁则担任整个初三年级的化学老师。

初一，学生们还保留小学生的天真烂漫，初进中学有待约束，每一次管束都是为后面的三年学习做铺垫；初三，每一天都是中考的倒计时，他们面临继续学习和走向社会的选择题，每一个决定都可能影响未来的人生。

随着与学生接触的加深，自小在城市长大的我们所接受的教育理念似乎无法适用于当地学生，由此我们也产生了许多"疑问"——为什么家长对同学们的管束不严格，一味依靠学校和老师？为什么同学们对学习不上心，都没有上高中的意愿？为什么同学们基础这样差，连完成作业都很困难？

"你们去同学们的家里看一看，就知道答案了。"这是校长给我们的回答。

　　家访，其实是我们来支教之前就计划好的活动之一，以便深入学生家庭，了解当地民情。可由于我们都是第一次当老师，班里有五十多个学生，每天仅备课、讲课、批作业、处理学生问题就忙得焦头烂额，于是家访的计划就一再搁置。随着对教学工作越来越熟悉，带着最初的疑问，我们将对学生进行家访提上了日程。

　　鹏飞，是初一129班的一名同学。在学校初次见到他，他有着不高的个子，黑黑的皮肤和小小的眼睛，在一群男孩子中很是普通；而在课堂上高高举起的手，课后总是追随老师的身影，却在这些普遍害羞内向的孩子中显得十分不同。而让我决定对他进行家访的原因，则是在开学统计班级同学家庭情况时，他所填写的两个字——孤儿。

　　这里孩子的父母大多在外面打工，要么只有妈妈带着，要么跟着爷爷奶奶生活。虽然与父母聚少离多，却也有时常的问候和团聚的希望。对于鹏飞来说，他连这些问候和希望都被剥夺，却没有丝毫忧郁的痕迹，这让我很好奇，是怎样一位坚强的老人，给了他天真无邪的笑容。

　　中午放学后，我们三位老师按照之前和鹏飞约定的，跟着他往家的方向走去。他家住在山上，沿路有许多依山而建的"改装窑洞"。尽管坡很陡，但走了不到十分钟，我们就看到知道我们过来，出门迎接我们的鹏飞奶奶。

　　"他的爸妈没了，是个孤儿，跟着我和他爷爷长大。"这是进屋后奶奶对我说的第一句话，随即便红了眼圈。

　　奶奶拉着我说了很多关于鹏飞父母的事，我不能完全听懂方言，所以不能完全了解奶奶的伤心事，但这并不影响我去感受这位老人的心情。奶奶讲得最多的，还是她的孙子如何乖巧，如何可怜。而看到奶奶脸上的皱纹和不断擦拭眼泪的手，我也明白，这位丧子的母亲，是忍着多大的悲痛，坚强地为自己的孙子撑起这个家。

　　安慰好奶奶，我才顾得上环顾这间窑洞，屋里很暖和，摆设也极其简单，一张木桌、一张土炕、摆在炕边的灶台、靠后隔出的储藏间，桌上摆着作为午饭的面条，奶奶和孩子们也只是捧着碗坐在炕边吃着。

墙上贴了许多家人的照片，有的泛黄有的崭新。"这个就是鹏飞爸爸"，奶奶一边指给我看，一边又别过头擦着眼角。我轻轻地搂过奶奶，和她说鹏飞在学校很乖，让她放心，奶奶这才止住泪水笑了起来。

我们带来的拜访礼，奶奶一直推脱着，勉强留下后，奶奶又装了一大袋当地特产的大枣让我们拿着。

"他反应慢点，但是很听话，老师您多费心，多照顾他。"这是我们临走前奶奶反复说的话。

本是享受儿孙福的年纪，却要承担家长的重担；本是无忧无虑的童年，却失去了父母的宠爱。

转转，是初三125班的一名同学，成绩优异，乖巧听话。在一次家庭情况统计时，我们偶然地发现她的弟弟在初一年级的子玥班里上学，但是却不像姐姐那般听话，学习成绩也不太理想。于是，我们趁着放假来到了她的家里，想看看这对姐弟的日常生活是怎么样的。

与平常不一样的是，在老师面前害羞内敛的弟弟，在家里却是姐姐说不得的"小霸王"。看到我们进屋，弟弟又恢复了害羞的状态，低着头听子玥和妈妈的对话。

"上课也不听，作业也不做。"这是子玥对弟弟的评价。

"在家很乖的，很听话的。"这是妈妈对弟弟的评价。

"我说他也不听，在家他比我厉害。"这是姐姐对弟弟的评价。

作为姐姐，转转要做弟弟的榜样，要做妈妈的小棉袄，所以优秀成为了她的习惯。

马强，也是初三125班的一名同学。他经常在期末考试中拔得头筹，因此是我在初三认识的第一位同学。清晨六点会在校园里看到他背诵课文的身影，晚上十一点也会在教室看到他认真复习的身影，他是大家公认的"学霸"。在课堂上，他专注渴望的眼神从不消失，可以回应我提出的每一个问题，复杂难记的世界历史都被他装进脑袋，也让我佩服不已。同样的生活环境，同样的教学资源，他优于常人的自律和上进，让我们对他父母的培养方法充满了好奇。

马强的家在离学校较远的另一个村庄，我们一起乘坐班车到达时，他的妈妈已经在路边等候多时了，爸爸也特意从农田中赶回来。

当聊到马强的未来时，妈妈很是憧憬，说等到上了高中就全家搬到县城去，不再做繁重的农活；希望马强上大学，无论在哪里，他想去都可以。"他从小学成绩就好，放假喜欢看电视，但也自觉地用一天的时间学习，不用我和他爸操心。"

我们和妈妈聊天的时候，马强笑眯眯地坐在旁边的凳子上，认真地听我们对他的建议和嘱托，偶尔充当一下翻译。

"上了高中或者报考大学时，需要我们的帮助的话，一定要联系我们。"伽宁一边嘱托，一边充满仪式感地把自己的电话号码记在马强的化学书封面上。

也许我们以后会在北京相遇，一个是曾经有过一年难忘支教经历的青年，一个是从县城考入都市志在四方的少年。

刚开学的时候，我们做过一次理想调查，很多孩子问我们什么是理想，很多孩子没有理想，很多孩子对未来很迷茫。

和孩子们谈话的时候，我问他们为什么要学习，没有孩子给出我回答，没有人知道为何而学。

童年的我们，家长的殷殷期盼成为了我们努力学习的动力；这里的孩子，学习不是唯一的出路，但却是可以改变命运的机会，而最需要殷殷期盼的他们，却不知道来到学校是为了什么。

也许，这是对我们疑问的回答。

写在支教结束后的第八个月

罗海月 / 文

2018年的3月是离开支教地的第8个月，还是会时常回想起那段支教的日子，就像不同的人生阶段会体悟到不一样的生活感受一般，那一段支教也在我的心里经历了春夏秋冬，现在回想起来更多的却是怀念。

2016年8月底刚到江西支教地的时候我很惶恐也很惊喜角色的变化，在路上听着脆生生的"老师好"会感到莫名的欣喜，那是一种很奇妙的体验，也是一个神圣的职业赋予的使命感和责任感，一个再难再苦再累也必须坚持下去的理由。

我们也许是支教团历史中最奇怪的组合，作为第一届在江西支教的我们，四个人在一年的时间里教过九个年级，四个人也承包了语文、物理、政治、历史、生物、地理、音乐、思想品德、体育九个学科，整个学校九个年级的学生都认识我们，也对我们充满了好奇，自然而然地我们也成为了他们课余的话题。校长说，我们的到来给了学生最大的鼓励，并让他们看到了希望，让他们知道我们可以做到的事情他们也可以，走出小镇，走出县城并不是一件遥不可及的事情。由于我们支教的学校是两年前新建的，很多人看到这样的硬件设施都在质疑这需要支教吗？而我们的答案是肯定的，支教的意义也就在于此，支教是一个柔性的过程，最需要的是软性提升，这恰恰也是支教事业薪火相传的内核，支教应该是带去更宽阔的世界观和更远的人生观，支教更多的也是"精神扶贫"。

"做超人"是那一年最大的感受，每一个乡村老师都是超人。刚到支教学校的时候，学校给我安排的课程是七年级的政治、地理和生物，五年级和六年级的思想品德课，同时还是七年级一个班的班主任，接到任务的时候我愣住了，不知道自己还能这样做超人，分身成为那么多的角色。同时也很期待，新的角色会给自己带来什么样的变化，未知的一切会在自己身上产生出什么样的化学反应。

　　班主任这个新角色无疑是对我最大的挑战，七年级的小孩正处于整个青春期中最萌动的年龄阶段，而我也只是比他们大十岁，一个刚从非师范院校毕业的女大学生，怎么样引导他们读书和处理好人际关系是每天都在困扰着我的一个难题。并且由于升学的压力和掐尖的教育模式，学校又把学生分成 ABC 三个等级，我带的是 B 班——一个在夹缝中生存的班级，一个不存在超越的机会也决不允许出现问题的班级。没有经历过的问题在不断地涌现，早恋以及孩子们身上那些青春期奇妙的人际关系让我们这些"过来人"啼笑皆非，我们在感慨年轻一代的成长轨迹过早上移时也看到了不少过早成熟的暖心小可爱，他们以超越同龄人的懂事在不经意间会带给我很多的感动。

　　班主任的经历赋予了我和其他支教同学最大的体验差别，我从每天的支教生活中感受到了最底层乡村老师的工作和生活状态——忙碌。小布中小学的班主任需要每天五点半早起去打卡看学生做早操、中午一点需要去查学生午休、晚上十点去宿舍查住校生的休息情况，基本一天下来都在学生眼前晃悠，忙就是这些最底层老师的真实写照，他们拿着微薄的工资干着大负荷的工作。乡村教师的待遇是一个老生常谈的问题，这些年我们也切切实实地看到了可喜的变化，十九大报告里提出了教育的"优质均衡战略"，我们也带着美好的期盼祝愿工作在乡村的老师们未来享有更有质量的生活。

　　不知我是否是这么多支教成员里比较特殊的一个，因为我不仅"下了乡"，还"上了山"。我们支教的小布镇是一个以茶叶为支柱产业的小镇，每年的三月至五月是茶叶采摘的时期，这个时候学生都要上山采茶，在那三个月中我每周都需要陪同孩子们到离学校很远的茶山去采摘茶叶。每周都需要停课去采茶的做法是超越了我的以往认知范围的做法，这也一度成为我最不能适应的城乡差异点，也正是因为这个事情我看到了很多我们不能改变的农村教育现状。通过和其他本地老师的聊天我知道了这项安排是存在了很多年的，他们上一辈的时候就已经经历过了，对于这样的安排他们已经习惯了，但是作为在城市长大的我们却在这样的习惯里摸不到头脑。对于学农这样的课外活动，我们其实不反对甚至还持赞成态度，但是对于限度的把控着实是一个有难度的挑战，对于这样的差异只能期待着能在未来的发展中缩小差距，期待着未来的农村教育事业走向一个均衡而有质量的阶段。

远离城市的支教地的生活也曾带给我们很多困惑，比如农村经常性的停水问题、物资匮乏问题、饮食差异和气候差异，等等。慢慢地我们熟悉了这样的生活节奏。远离了城市喧嚣的我们每晚伴着虫鸣而眠，每天清晨听着全镇大广播而醒。那里是一个典型的熟人社会，走在街上他们会很熟络地和我们问好，邻里乡亲都保存有很亲切的感觉，对待我们这群"异乡人"更是显现出了极度的热情，给了我们最大限度的欢迎，让我们感受到了最淳朴的客家民风。

我曾经在大夏天骑着自行车穿梭在小镇里抓逃课去上网打游戏的学生、上课的时候在后门偷偷观察他们的上课状态、突袭抓包上课带手机打游戏的学生，太多数不清的经历给了我整个支教生活很多的回忆，也正是这些经历慢慢让我意识到教师这个职业更深层次的含义，教师是一个扶正的角色，知识的传递只是最表层和最基本的含义，怎么引导他们在正确的路上不走偏才是最难的。由于留守儿童比较多，在和很多家长的交流中也感受到了新闻报道中那些冷冰冰数字背后的温度，没有不爱孩子的家长，更没有无缘无故的离家，每一个父母的赤诚之心只是为了下一代拥有更好的条件。

那一年里我的孩子见证过我千奇百怪的班级规定、经历过我无数次的嘶吼以及他们没看到的我的无助和默默流下的无奈的眼泪，但是我感受到了真心换真心是真的存在，是有温度的，在我离开后的日子里他们会时常和其他老师说"我们七年级的班主任""我们罗老师"，这样真的就够了，支教结束时，当我在家长群里发完最后一条消息的时候，看到有位家长写了很长一段话感谢一年里我的工作，心里只有一个字——值。一年的时间在孩子们的成长历程中是那么地短暂，在我的人生中也只是几十分之一，但留给我的会是无尽的念想。

我们都一样

吴佳宝 / 文

　　他是我见过最与众不同的孩子，可是他看起来和其他孩子并没有什么不同。

　　第一次注意他，是在班级第一次打扫卫生区的时候，他总是自己一个人在一边默默打扫，弯下高高的个子，勤恳地扫个不停。

　　我以为他是一个认真的孩子，而他也的确是个认真的孩子。

　　第二次对他有印象，是要求班级同学填写个人信息，我把需要提交的信息一项一项抄在黑板上，第二天，班长告诉我，只有他一个人没有交的时候。

　　我走到他座位旁边，问他为什么没有交，他说他不知道黑板上写了什么。

　　原来他是个不认识字的孩子。

　　可是后来，我发现他的特殊不止于此。

　　一天某节课下课后，班长递过来 W 同学写给我的一封信，是关于这个孩子的。

　　至此，我才全面地认识了这个特殊的孩子，在愧疚自己的不称职的同时，我开始留意到更多有关他的事情。

　　虽然他写不清楚任何一个字，却会把每天的生字作业努力地抄写下来，跑到办公室开心地给我看；用一个周末，把我留的字帖整本写完，即使我只留了前四课。

　　虽然他无法清楚地表达自己，却会在班级同学出现状况的时候第一个跑到办公室告诉我，哪个同学哭了，哪个同学家长来了。即使由于听不懂，我会拜托他一遍又一遍地说给我听，他也会不好意思地笑笑，再耐心地重新说一次。

　　虽然他会因为不会画画被美术老师批评，却会在看见其他同学送我教师节礼物的时候，跑过来害羞地塞给我一个漂亮的水晶球。

可是他的特殊，也给他造成了不可避免的麻烦。

一般心脏病的孩子，会被从小教育要保护好自己，所以总是文文静静地窝在一角；而智力不足的孩子，虽然会每天疯玩，却也很少出现身体状况。

可是这两种特殊的情况加在他的身上，却出现了矛盾。

他高高大大且单纯活泼，总是和其他同学玩闹；可是初中男孩子之间的玩耍不可避免地会失了分寸，让他脆弱的心脏出现意外。

他在课上无法控制自己的好动，引得不知情的老师们批评甚至教训；可是他情急之下根本无法表达清楚自己的特殊情况。

虽然会有班级其他同学帮他解围，却不能时时刻刻让他安全。

学年大会时，我客气地和其他任课老师讲述了他的特殊情况，以为会万无一失，却忘记了同样严厉的科任老师。

所以，当他捂着脸跑进我办公室的时候，我一下子猜到发生了什么事情。

临近下课，我在教室门口徘徊，遇到下课的老师解释了一番。

可是没过几日，他又一次找到了我，这次是捂着肚子。

他含糊地说他被初二的同学推了一下，感觉胸口疼，想回家。

于是我联系了他的妈妈，把他接走了。

接连几日，他都没有再回学校。他的妈妈会时常打电话给我，和 W 同学一样，拜托我多留意他。我也把这件事当做典型的纪律事件讲给全班同学听，并且告诉他们，等他回来之后，要一起保护他。

后来的一日中午，他的爸爸来到学校，拿走了他所有的书，说要去太原做手术，暂时来不了。

"那他还回来上课吗？"

"看情况吧，本来也不是想让他来学校学习的，只是想让他学会和别人沟通，看来还是不行。"

也许我在这里支教的时间只剩下不到一年，可是我希望可以看到他笑着回来上课，大声地对我喊老师。

我承诺，我和全班同学会好好保护他。

【后记】后来，这个孩子没有回到学校。但我在村子里偶尔会碰到他，比以前胖一些，看起来也健康一些。偶尔他也会发微信给我，聊一些简单的日常。

祝愿他健康平安，开心快乐地度过人生的每一天。

梁家河游记

吴杨洋／文

2017年5月13日，我们山西支教团的同学在石楼县纪委的带领下，一起来到习近平总书记曾经插队的地方——梁家河村参观学习。在导游的介绍下，我们系统地参观了梁家河村的各个景点。从知青井到村史馆，到陕西第一口沼气池，再到知青旧居，我们重走了当年总书记走过无数遍的路。一路走来，一路听来，许多感想油然而生。

总书记讲，梁家河是他迈出的人生第一步，在这里他看到了许多，也学到了许多。联想到我们这一年的生活，又何尝不是这样呢？2016年9月份，我们一行十二人走出了培育我们四年的大学校园，一起来到了这片养育了无数人的黄土地上。没有如想象般地被分在一个学校，而是各自打散，三人一组地被分配在最缺少教师的农村教育一线上。我们面对的是一望无际的黄土高坡，是吃水时的肩挑手提，是富有特色的山西面食，是一颗颗纯洁的赤子之心。从最初的不适应，到现在的不想走，这一年我们经历了许多，更成长了许多。

总书记说，在梁家河要过"四关"。第一关是"跳蚤关"，那我们来这里支教的第一关是什么关呢？我想也可以说是"虫子关"吧。我们刚到这里的时候是八月底，正是酷暑当头的季节。晚上屋子里蚊子肆虐，白天一打开门趴在门帘上的都是叫不出名字的红色小虫，夏天的厕所里还有随时会爬到你的脚上的蛆虫。刚来时，我们对这些都感到很新奇，经常以此为话题互相调侃，比比谁画的虫子最像。在这样的自娱自乐中，这一关悄然度过。

第二关是"饮食关"，山西是一个以面食为主的北方省份。我们互相了解过，各个农村学校的饮食基本是一致的。早上和晚上都是馒头和小米粥，外加三盘小菜，譬如：土豆丝、腌咸菜、炒鸡蛋等。中午是面片或者面条，然后会有一个凉菜。我们小蒜镇还有个特殊的地方，即秋季作息时是两顿饭，分别在早上九点和下午四点。刚开始是真不适应，都是二十多岁的大小伙子，不管白天吃多少，一到晚上七八点一准儿饿得前胸贴后背。后来我们也学聪明了，买了锅碗瓢盆，学起了做饭。除了正餐，再给自己加点夜宵，冬天也就这么过来了。现在想想，这倒是一件好事，我们因此学会了生活必备的技能：做饭。

总书记当年还要过"劳动关"，可现在的条件和原来不一样了，不需要我们下地干活记工分了。唯一可以称得上是劳动的环节，可能就是学校每次轰轰烈烈的大扫除了。校长一声令下，校园里顿时尘土飞扬，洒水的洒水、扫地的扫地、擦玻璃的擦玻璃，好不热闹，颇有一副迎接新年的架势。师生齐心，把校园打扮得漂漂亮亮。

第四关是"思想关"，刚来到这儿的时候，思想上肯定有不适应的地方。我觉得不仅是我们不适应，当地的教师学生也有不适应的地方。我们会觉得这跟自己之前的生活环境不太一样，当地人会想这帮大学生会不会觉得我们这里条件差呀，会不会不好相处。每每想到这个，我就很感谢我的父母，感谢他们在我小的时候一到暑假就把我放到农村的老家待着。让我到这里来并未觉得有太大的不适应，而其他同学也慢慢地找到了自己的节奏。尽快适应当地生活只是思想关的一个方面，我觉得更为深层次的东西是我们如何融入当地的生活。我们到这里支教只有一年的时间，这一年说快也快，说慢也慢。如果一直放不下身段，老是觉得自己高高在上，那我想这一年一定会过得很慢，因为你的内心是不快乐的。但是如果能和当地人像朋友一样相处，那一定会是一段非常快乐的时光。很庆幸，这一关我们也轻松过关！来这儿近一年时间，在这里接触到的每一个人都让我深感温暖，我们和他们也建立了深厚的友谊。和他们在一起，我觉得没有我们克服不了的难题。

在知青旧居我们了解到，总书记当年自费去四川学习，为陕西盖了第一口沼气池，还主动将自己得到的奖品三轮摩托车换成了磨面机和粉碎机，可以说是真正地从百姓出发、为百姓着想。由此，我对"从群众中来、到群众中去"这一思想有了进一步的认识。我们来农村支教的主要目的是把知识带给学生，将当代大学生的精神风貌展现给学生，在他们心里播种下关于梦想的小火苗。但是作为一群从法科院校走出来的学生，除了这些，我们还能够为当地的百姓做些什么？在不断的思考与探索中，我们走出了一条属于自己的路。在"12·4普法宣传日"那天，我们四所学校分别开展了生动的普法宣传活动。各位老师用各种各样的法律案例深入浅出地讲解了对学生们适用的法律知识。而在目前国家监察体制改革试点阶段，我们应石楼县纪委暨石楼县监察委之邀，与全县的纪检监察干部深入交流了刑法、民法、经济法等各方面的法律知识。通过这次交流，我们加深了对法律实务的理解，纪检干部们也提升了自己的理论水平。这对我们双方来说都是一次非常宝贵的经历，大家纷纷表示希望以后这样的活动还能多多开展。

回想已经走过的这段岁月，我们与当地百姓的心正是在这样一次次的活动中越系越紧。总书记说他在梁家河看到了人民群众的力量，看到了人民群众的根本，真正理解了老百姓，了解了社会。我想这句话也同样适用于我们，石楼县是我们迈出的人生第一步。在这里我们接受了社会给我们上的第一课，也认识到无论以后我们从事何种工作，为的都是生活在中国这片土地上的人。我们自身是群众的一员，从群众中来，我们励志勤学；以自身所学奉献社会，是回到群众中去。

五四前夕，总书记在我校发表重要讲话时指出，中国的未来属于青年，中华民族的未来也属于青年。青年一代的理想信念、精神状态、综合素质是一个国家发展活力的重要体现，也是一个国家核心竞争力的重要因素。站在梁家河这片土地上时，我不断地回想着总书记的讲话，仿佛亲眼看见了青年时期的总书记在这片黄土地上挥洒汗水、奉献青春。这样的感同身受更加坚定了我们不忘初心跟党走、心系群众勇担当的理想信念。而现在离我们支教结束还有一个多月的时间，如何在干好本职工作的同时，再抓紧这段时间为石楼的百姓多做些事情，是我们支教团结束梁家河之行后的共同想法。

你所站立的地方，就是你的中国；你怎么样，中国便怎么样；你是什么，中国便是什么；你有光明，中国便不黑暗。来这里支教，我们看到了中国还有很多需要帮助的人。脱贫攻坚不是一蹴而就的事，而中国梦是事关每一个人的梦。不忘初心、砥砺前行，努力在实现中华民族伟大复兴的历史进程中留下自己的足迹，是我们每一个青年人应有的理想抱负。一天的参观学习虽然短暂，但收获却是巨大的。

　　青年人，我们在路上！

▲ 第18届研支团成员孙蕾蕾开展
12·4普法讲座

▲ 第18届研支团成员组织书本
捐赠活动

▲ 第18届研支团山西分队合影

第18届研支团团长许天明在 ▷
石楼县纪委监委纪律作风政
治理论和纪检监察业务培训
会上做《贪腐的法经济学分
析》的报告1

◁ 第18届研支团许天明、孙蕾
蕾在培训会后与纪委监察委
座谈2

▲会后石楼纪委监察局领导与支教团成员交流：（左二成员孙铭锴）3

▲江西分团与兄弟高校培训后合影

▲礼物1

▲礼物2

▲山西分团魏子玥给石楼二中校内表现优异的学生颁发奖状

▲山西分团于石楼二中组织法律讲座：李伽宁（左一）、吴佳宝（右一）、魏子玥（右二）

▲ 山西石楼县学生秋游留念

▲ 石河子分团于石河子二中组
织模拟联合国社团1：周鑫
（右一）、张晓奕（右二）

▲ 石河子分团于石河子二中组织
模拟联合国社团2

石河子分团于石河子二中组 ▶
织模拟联合国社团3

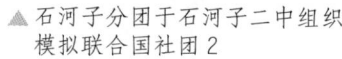

◀ "我的理想"

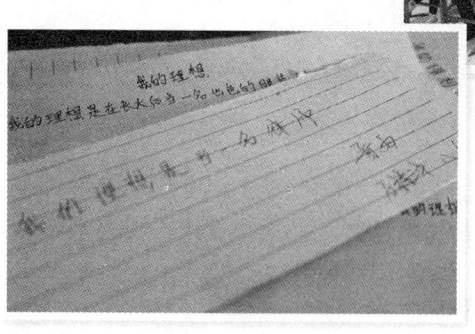

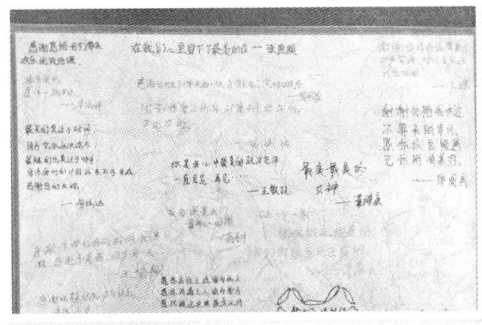

▲学生们的离别赠言 1

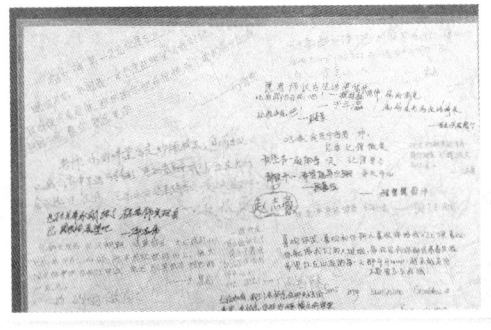

▲学生们的离别赠言 2

▲学生们的离别赠言 3

▲学生作业

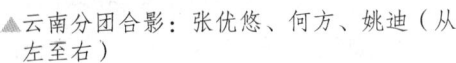

▲云南分团合影：张优悠、何方、姚迪（从左至右）

▲江西分团合影：左起一排：罗海月、詹薇斯；二排：石盛江、陈超哲

第十九届：功不唐捐　玉汝于成

前言： 中国政法大学第十九届研究生支教团成立于 2017 年，共计二十三人，分别为新疆阿勒泰市梁兴博、杨娴、诺敏、张梦薇、张韬、卢文骄六人，新疆石河子市张天琳、刘一林、陈慕寒、宋世豪、吕夏宇、张峰祥六人，云南姚安县马天一、王天元、栾文朔三人，江西宁都县王茜、郭成刚、冯梦笛、王玥乔四人以及山西石楼县张志文、窦鸿、潘俊、周晓珂四人。

初心不改，阔步前行
——第十九届研究生支教团服务纪实

梁兴博 / 文

"立志、修德、明辨、勤学、创新、笃行"，这是 2017 届赴西部、基层就业毕业生欢送会中，黄进校长向各位研支团成员提出的期许。不知不觉，第十九届研支团的支教生活已经过去了四分之一。这三个月的时间，对于每一位研支团成员而言，都是一次全新而又宝贵的经历。

多年来，我校一批批青年志愿者秉承"厚德、明法、格物、致公"的校训，将深厚的人文素养转化为开展公益普法、扶贫支教等专项行动，不断探索支教团服务地方社会建设和教育发展的长效机制。自研支团成立以来，先后赴山西灵丘县、青海循化撒拉族自治县、甘肃榆中县、河南新县、广西北流市、新疆石河子市、新疆阿勒泰市、新疆第八师石河子市、新疆第四师伊犁市、新疆第十师北屯市、云南姚安县、山西石楼县、江西宁都县等地从事支教工作。

本届支教团（第十九届）具体分配在四省五地，分别为新疆阿勒泰市六人，新疆石河子市六人，云南姚安县三人，江西宁都县四人，以及山西石楼县四人，共计二十三人。对于这三个月的支教时光，各地的研支团成员都有着不同的感悟：

阿勒泰分团

阿勒泰地区位于新疆北部，西北部与哈萨克斯坦、俄罗斯相连，东北部与蒙古国接壤，哈萨克族约占总人口的一半。我们的支教地阿勒泰市第三中学，是一所包含初高中两部、汉哈语三民族的完全中学。初到新疆，对于祖国西部热土的盼望与志愿服务西部的期待代替了我们背井离乡的伤感。肩负着母校的厚望与信任，我们每一个人都暗自对自己许下了承诺——"在奉献中绽放青春，在奋斗中书写人生。"

随着支教生活的展开，我们对"支教"二字有了更加直观和立体的了解。最初的迷茫、失去新鲜感后的疲倦，我们也曾对自己产生疑问，也曾反复思考支教的意义。或许这正是"育人遇自己"的含义，教育学生的过程中，我们也会发现自己的不足，发现热情和信心并不能够解决所有问题。但幸运的是，我们初心不改依然昂首阔步前行。

目前，我们几位团员已经在各自的教学岗位上开始工作并且取得了一定的成绩。此外，我们一同创立了团委下辖的学生会、青年志愿者协会、团委组织部、广播站等学生组织，并且建立了晚自习检查制度，举办了第一届高中男子篮球赛，等等。目前，阿勒泰分团的各项工作正在按部就班地进行。刚刚到达支教地时我们也经历了一段时间的适应期。然而，生活上的困难只是暂时的。美丽富饶的阿勒泰以及善良可爱的学生们就是我们继续前进的动力。

不知是谁说过，年轻人，试着去做一名志愿者吧。支教可能会把你的理想打得满地找牙，然后又怀揣希望，在认清了生活的真相后还依然热爱它。支教并没有所谓的光环，但在这个过程中，你会不停地寻找自己、沉淀自己，从服务他人中学习，将热血变为理性的思考和践行。2017 年大学生志愿服务西部计划志愿者出征仪式中，志愿者代表杨娴同各位志愿者分享了一句话——"内心坚韧、灵魂高位、家国情怀、兼济天下。"我将这句话送给所有心系志愿的朋友们，希望这一年大家都不虚此行。

山西分团

山西省石楼县是国家重点扶贫县，而小蒜镇更是处于重重山壑之中。距离刚到山西时只一月有余，随着支教工作的逐步开展，我们对小蒜镇的感情越来越深。还记得刚到三中的那个晚上，支教团成员们受到在校同学和老师们的热烈欢迎，这让我们感受到了融融暖意。在了解到同学们每年不高的升学率以及普遍复杂且贫穷的家庭状况后，我们四个人暗自下定决心一定要尽全力教好同学，做些改变。而后的教学工作中成员们认真准备课程，并不断拓展课外知识，以期提高同学们的综合素质。令人欣慰的是，我们的辛劳得到了反馈。班上同学们的学习热情大大提高，第一次月考成绩较之前一届有很大改观。其中有位同学，父亲外出打工母亲患有严重精神疾病，并且他本身不识字不认音标不懂乘法口诀。在支教团四人的努力下，他每天补课两个小时，有了很大进步！除了同学基础知识薄弱之外，贫困也是当地的突出问题。目前我们正在积极开展调研等活动为石楼县的扶贫工作提供帮助，发挥青年力量，做出突出贡献。一年时间可能不长，但这一年对于我们而言必定是不平凡的一年，对于三中的同学们而言也必定是收获满满知识的一年。成员们必定不忘初心，让青春无悔！

江西分团

初到小布镇，除了新鲜感和好奇心，更多的是各种不适。湿热的气候、嗜辣的口味、难以听懂的方言以及教学经验的匮乏，这些都是令队员们头痛的问题。在这里，我们第一次亲身见识到了城市与乡村教育资源的分配不公、第一次真正体验到了山村学校师资力量的匮乏。四名队员承担了一、二年级的体育，五、六年级的写字、音乐、美术，七年级的语文、生物以及九年级的历史、地理的教学任务，除此之外还根据学校安排，开拓了"第二课堂"，担任"魅力红色小导游"、广播站、兴趣琴社以及学生会的指导老师。面对繁重的日常工作与突如其来的临时性任务，队员们只恨自己分身乏术。

但也是在这里，我们第一次真正感受到山里孩子们求知的欲望，也第一次感受到和孩子们产生的那最淳朴最真挚的羁绊。我们会每节课提前几分钟去班里，和孩子们聊天，努力融入他们的世界和他们成为朋友；我们也会和同伴一起摸索，一起交流感受，一起分析孩子们的心理，尝试和孩子们交流，主动了解他们的想法和状态；我们会因为孩子们答应月考考到好成绩而特意拿出整节晚自习主动复习感到受宠若惊；我们也会因为孩子们一句"老师我们知错了您别生气，多生气会老得快的"而感动不已。当我们站在讲台上看到几十双求知如渴的眼睛、走在校园中听到一声声"老师好"的问候时，一切便不再是问题。

虽然开学已经两个月，但一年的支教生活其实才刚刚开始，我们一定会积极完成各项工作，坚定青年信念、提高工作能力、切实服务基层，树立好形象、传播正能量、培养真感情、落实严要求，努力地奉献自己，为小布镇的教育做一些实事，也在自己的青春岁月中留下一笔宝贵的财富。

云南分团

我们的支教学校是位于祖国西南边陲的云南楚雄彝族自治州的姚安县大成中学。虽说姚安有着"滇中粮仓，鱼米之乡"的美誉，但我们还是充分体会到了什么是"地区发展不平衡，发展水平差距巨大"的基本国情。

姚安虽不是云南最贫困的地区，但这里的教学条件、师资水平、生源状况都与我国中东部地区有非常明显的差距，比如我们服务的大成中学缺乏师资力量，每个老师负责教授的课程较多，压力也比较大。另外，很多孩子都是父母在外打工的留守儿童，学习基础较为薄弱，家庭条件相对较差，初中生的知识储备甚至远不如东部地区的很多小学生。我们分团成员经常就学生们的情况进行讨论，认为姚安的孩子并不是缺少获取知识的工具而是缺少获取知识的基本意识，成长环境中信息相对闭塞，限制了他们的视野。扶贫先扶志、扶贫先扶智。作为研支团成员，我们要走的路还很长。

今年是中国政法大学研支团来云南省姚安县进行支教的第三年，同时，我校研支团成立二十周年即将到来。作为第十九届成员，我们深感责任重大。在这个特殊的时间节点，我们应努力让这一年不同凡响，在自己人生中留下不灭的星光。我们会在教学上坚持"课比天大"的理念，精心准备上课内容，使三位老师所任教的主科（初一政治、初二历史、初三历史）科目学生的成绩能有明显提高，班级成绩位居年级前列。既提高学生成绩，又增强学生能力，让学生们真正受益。我们也将开展普法宣传、解读政策等多种生动活泼接地气的活动向孩子们传播法治思维，从小培养起孩子们的法律意识，介绍中国政法大学的校训精神、优良学风，促进法大与姚安的合作共建，引导孩子们以能考上中国政法大学作为学生时代的奋斗目标，营造人人有责任建设法治中国的大氛围。同时我们会配合姚安团县委的脱贫攻坚工作，在周末等课余时间参加团县委组织的驻村扶贫活动，根据民政局等相关部门的脱贫登记情况对贫困户进行走访，完善每一户的档案，助力姚安县的精准扶贫。

石河子分团

"我到过很多城市，数这个城市最年轻。"这就是石河子，我们来支教的城市。初来这个城市，我们一下就被认出不是本地人。不是长相，不是民族，不是穿着，而是因为念石河子城市名的断句、轻重音。本地人念石河子都是"石"和"河"断句，"子"是轻音。而我们都没有断句，"子"也是读重音的。石河子，一个最不像印象中新疆的新疆城市，它充满绿色，充满活力，充满诗意。

来到祖国的边疆，在这里又回到了高中校园，可此时我们的身份已经不再是渴求知识的学生，而是教书育人的老师，我们很欣喜能有机会体验一回老师这份职业。支教，让我感受到了更沉重的责任感——教书的确是个良心活，无论你讲得如何，学生始终会用崇敬期待的目光看着讲台上的你。因为这份责任感，我们常常会忧虑，如何才能将知识以合适的方式传授给学生，更重要的是我们究竟该传递给他们什么，理想？信念？精彩的世界？宽广的眼界？支教因此具有了更沉重的责任和意义——于孩子们，也许就是一次人生方向的选择，于我们，更是心智的成长。

或许我们不是经验丰富的老师，但一定最真诚最纯粹，希望自己所说的哪怕一点能对他们有意义，有帮助。也因此愿意沉淀自己，弥补不足，不断提升。掌握并不熟悉的课程，慢慢变得坦然与从容；耐心对待每一个学生，感受到被需要的幸福。还记得初上讲台的忐忑不安，记得第一次被叫"老师好"的陌生又欣喜，当这一切都成为日常，我还是喜欢支教，喜欢这里。喜欢教室里的五十多张笑脸，喜欢他们向我投来的信任的目光，想为他们而成为更好的自己。

石河子是年轻的城，是我们年轻人可以大展拳脚的舞台。高中学区给我们提供的舞台够大，就看我们能不能有足够的勇气和能力去撑起这个舞台。我们满怀信心与期待，奉献青春和热血。

不忘初心，方得始终。中国政法大学研支团到今天已经组建了十九届，自1988年至今也已经度过了二十载，在个人的生命历程中，二十年的时间足以使一个呱呱坠地的婴儿成长为朝气蓬勃的青年，而对于研支团这个组织来说，这二十年也实在有太多宝贵的经验和反思。第十九届研支团有幸站在这个当口，希望我们能够做好传承的工作，通过不懈努力对这二十年来前辈的心血做一个良好的收尾，同时，满怀激情畅想下一个二十年。

过去的二十年，中国政法大学研支团一代又一代的学子在祖国大地上奉献着自己的青春，为了使服务地的孩子获得良好的教育，为了使服务地的人们获得更好的生活，这是我们的信念和根本动力。回顾以往，展望未来，第十九届研支团将永不懈怠，奋力前行，坚信功不唐捐、玉汝于成，肩负起国家、人民和这个时代赋予我们的特殊的历史使命，为实现"两个一百年"奋斗目标、实现中华民族伟大复兴的中国梦尽绵薄之力！

十九大报告与支教：00 后如何在新时代勇当弄潮儿[1]

王天元 / 文

新时代社会主要矛盾发生了变化。人民日益增长的物质文化需要同落后的社会生产之间的矛盾，现在变为了：人民日益增长的美好生活需要和不平衡不充分的发展之间的矛盾。

我认为，整个报告的重点就是现在矛盾变了，是美好生活的需要和不平衡不充分的发展之间的矛盾。

现在是不平衡不充分发展，由于我们人民群众日益增长的美好生活的需要，领域、区域、个体等方面的发展会越来越平衡、充分。

从不平衡到平衡，从不充分到充分，这里就有极其巨大的价值落差。有价值落差，就能获利。

十九大报告提出了不平衡不充分发展的论断，随后这一论断会被写入党章。这一系列的举措充分证明国家高度重视修复发展的不平衡。这就是一个非常具有确定性的利好消息，对于个人来说就是大的形势。

作为个人，在这个修复价值落差重大关键时期，我们应该如何顺势而为勇当时代弄潮儿？

顺势而为的落脚点是互联网。

进入新时代，我们应该把自己的背景、专业、特长与不平衡不充分的发展现状相结合，通过互联网不断包装自己，持续产出内容，最好每天更新不停地讲述有趣的行业故事，抢占先机打造个人品牌争取成为本行业或本专业的头部用户，达到"行外人一提到某个行业领域就想到你的个人品牌"的理想效果，充分利用互联网的长尾效应来勇当时代弄潮儿。

在云南姚安县大成中学支教，我看报告的时候自然而然地想到我的 00 后学生们。

[1] 原文载于法大刑司院、云南青年志愿者微信公众号，本文有删节。

在以全国之力修复不平衡不充分发展的新时代，出生、成长于中国互联网飞速发展时期的00后，是最容易成为时代弄潮儿的一群人。看着我教的学生们熟练地拍摄快手视频和制作生动的表情包，我不禁感到利用互联网包装宣传自己仿佛是00后与生俱来的技能。

我在课堂上分享了一些思路：

把自家农产品从播种到收成这一系列过程通过视频、微博、微信公众号等方式进行直播。长周期才能把健康、安全、有机、环保、绿色等城市人喜爱的理念融合到自家农产品中，充分迎合城市人对健康高度重视的精神状态、满足城市人对安全食品的疯狂需求。个人品牌做起来后，关注的人多了，慢慢就会有人主动问，"我很欣赏你的理念，你家做出来的农产品我能买吗？"

农家乐、客栈、民宿思路类似。

挖掘文化背景、包装商品背后的故事，销售具有地域特色的民俗商品，故事越能打动人，促成交易的可能性越大。

在××地区如何吃喝玩乐的分享指导。小有名气后，越来越多的自驾游车主会找你定制游玩线路。

结合自身学习情况做学习经验、资源、应试技巧的分享，例如可以开设一个"我要考××中学"的公众号/微博/斗鱼/b站，每天分享自己学习的点滴，一边鞭策自己，一边积攒人气。如果梦想成真考上了就可以销售"状元笔记"/做线下辅导，这样一来赚点零花钱就相当容易了。

…………

互联网的魅力之一是长尾效应。第一，目前你的水平不高没关系，你处在什么水平就把你当前的水平发挥出来，每个水平都有每个水平的目标读者，互联网极大地扩大了目标群体同时也提供了很好的容错度，只要你不停地分享并日积月累地进步就可以了。第二，买单的可能性时时刻刻存在，你所提供的内容再怎么偏门小众，只要能被搜索引擎找到（所以让搜索引擎找到你的内容是一种技巧），用户阅读后觉得有价值，用户就会买单。说老实话，在风起云涌的新时代，利用好互联网这个工具勇当时代弄潮儿、实现个人价值的机遇数不胜数。

目前根据十九大报告来看，居民劳动收入新渠道之一应该是指顺应国家修复不平衡不充分发展的趋势，在互联网上包装自己的专业技能，打造个人品牌，利用互联网的长尾效应来提高收入。

从不平衡到平衡，从不充分到充分。

这里有着极其巨大的价值落差。

这里是个人勇当时代弄潮儿最好的地方。

唯有时代，取之无尽，用之不竭，容得下最大的梦想。

为这个伟大的时代"打 call！"

阿勒泰分团体育器材捐
赠 2

阿勒泰分团体育器材捐赠：▶
左下杨娴、左上梁兴博、右
下诺敏 1

第 19 届研究生支教团成员
出征前合影

▲第19届研支团团长梁兴博在支教学校入团仪式上领誓

▲江西分团开展"十九大"宣讲会 主讲人冯梦笛

▲江西分团开展12·4普法活动：王茜讲授"青少年犯罪和预防"

▲江西分团向小布中小学捐赠图书：王茜（左下）、冯梦笛（右下）、王玥乔（后排左一）、郭成刚（后排右一）

▲山西分团冬衣捐赠活动1：周晓珂（左上）、张志文（右上）、潘俊（左下）、窦鸿（右下）

▲山西分团冬衣捐赠活动2

◀ 石河子分团岗前培训后合影：第
　一排陈慕寒、张天琳，第二排 刘
　一林、宋世豪、吕夏宇、张峰祥(从
　左至右)

▲ 石河子分团开展十九大精神
　宣讲活动　主讲人刘一林

▲ 石河子分团组织学习十九大会
　议精神

云南分团开展普法活动 ：栾▶
文朔（左）、马天一（右）

◀ 云南分团开展十九大
　精神宣讲活动

云南分团王天元向团州委汇
报我校研支团概况 ▶

◀ 云南分团在姚安县大成中学
开展"腾飞的祖国——改革
开放四十周年"主题教育活
动：王天元（左下）、马天
一（左上）、栾文朔（右下）

第二十届：廿载春秋　行则将至

前言：中国政法大学第二十届研究生支教团，将于 2018 年正式奔赴祖国各地进行支教帮扶活动。张金一、李娇漪、黄天浩、唐宇轩、张伊佳、马啸、武新阳、聂梓锋、陈拔志、姜雅文、李晓瑜、崔传森、何仁平、周末、王剑、朱静雯、王知行、杨帅、高丹阳、徐伊洁、俞嘉枫、盛斯佳、曾庆鹏这些来自于不同学院不同专业的二十三名法大学子将用一年的时间，从一代又一代研究生支教团前辈的手中接力爱心、接力理想、接力奉献，去续写青春的故事。

服务西部，青春无悔

陈拔志／文

"服务西部，青春无悔！" 9 月 12 日，中国政法大学第二十届研究生支教团已经集结完毕，二十三名支教团成员发出的铮铮誓言在昌平校区久久回荡。

从 1998 年至今，中国政法大学响应国家号召，连续组建二十届研究生支教团，共向新疆、云南、山西、江西等省区的贫困县输送了二百一十九名志愿者。二十年的栉风沐雨，这群年轻人走进西部，目睹基础教育的发展、参与基础教育的建设。他们有的来自偏远农村，亲身经历基层教育资源的匮乏，有的来自二线、三线城市，体会一次次参加的志愿活动经历，立志奔赴祖国和人民最需要的地方。廿载春秋，支教团成员的故事仍然在继续，接力爱心、接力理想、接力奉献。

不忘初心，莫问前程

我是第二十届支教团成员陈拨志，来自广东省湛江市的纪家镇，大四法学专业在读。

2017年9月回学校报道前，我回村里的小学看了看。以前热闹的校园就剩下几个上了年纪的老师，全校的学生也稀稀落落，加起来一共不到四十人。我是村子里考得最高、走得最远的大学生，考上大学时收到过很多邻里叔伯的祝福。三年的时间过去，当我身处小学校园里的那一刻，深深觉得有份担子落在我的肩上——在外求学的我能为这些孩子、为这个学校做些什么？

村子里所有人都在往外跑。我大姐二十九岁，带着她的两个小孩到湛江读书，姐夫在各地辗转谋生。走得再远又能怎么样呢？因为没有城市户口，他们只能上私立学校。他们的同学，大多也是他们村子里的邻居，甚至那些年轻一点的老师，可能也是刚刚从村子里调上来。小孩子考得再好，也考不上市里的公立学校。父母改变得了距离，却改不了接受教育的环境，现实和他们的追求始终有一个无形的界限。

大姐一家住在一条步行街的狭小租房里。每天放学回家，两个孩子嬉戏的空间就仅限于同样狭小的楼道。每次听到他们撞在墙上的"咚咚"声，我就想起村外广袤的大地和绵绵的林海，这一场"逃跑"到底有没有意义？

大凉山的悬崖村，在记者做了专访之后，得到了社会上的广泛关注，将上山的藤条改成了钢梯，让悬崖村的孩子上学至少有路可走；也比如经过无数人的努力和呼吁，农村教师的待遇在不断地改善，让偏远地区的教育水平不断地提高。只要有人牵挂着他们，为他们发声，为他们呐喊，为他们奔走，基层的教育就有改善的希望。

感恩相遇，勇于担当

武新阳／文

　　我叫武新阳，是第二十届研支团的一员，从小学习和生活的地方都在哈尔滨。那里的教育水平相对中等，资源的分配也相对均衡。在加入研究生支教团之前，法大的三年时间里，我也参加了很多志愿服务活动。就在大三的寒假，我很幸运地被选拔前往四川省阿坝藏族羌族自治州黑水县克别村进行远程支教活动。远程支教不同于时间、次数固定的志愿活动，一行人相濡以沫，走进大山，可以说圆了我大学长久以来的一个梦想。而恰恰就是在这次经历中，我深深体会到了教育水平和资源上的差距。

　　从成都市到黑水县再到克别村，对于平原长大的我来说，跨越三千多公里，翻过一座又一座山，真的算是最远最长的距离。一路颠簸，我不断经受着晕车反应，暗想这来去的不易。

　　到达克别村是上午十点左右，整个村落却是格外安静，行李箱的轱辘声成了最大的声响。山里的空气、溪水，民族的生活、信仰，在这里你都想慢下来，静下来，去感受和了解。我们的到来在村里可能算是个大消息，村里的很多孩子都在我们居所的周围好奇又羞涩地张望，村里的老干部更是热情，帮我们安排住宿，买菜屯粮。

　　第一节课是在村民经常集会的地点——柴垛下面开始的，我们先统计了各年级人数，探了探孩子们的基础，才算是真正接触他们的学习，甚至是生活。他们都是藏民家的孩子，即便是语言上有些困难，所用教材并未有差别，但基础知识却是参差不齐。学习状况也不仅仅与个人的兴趣、语言、能力相关，还有相当一部分与家庭情况有关。在我们的家访中、在与孩子们的交谈中，我们了解到为什么有的孩子学习很努力但上课经常迟到——虽然小学二年级，但早上要帮助父母照顾小妹吃完饭自己再来上学；一对双胞胎兄弟即便在同一个村子里，由于家庭的分离，只有上学时候能在一起，放学后各自回家……

和这些孩子们相比，我们是幸福的，教给他们的，我们也不想仅仅就是几首古诗、几道数学题。

参加过志愿服务活动真的会使人热衷于尽己所能，帮助他人。在我成为第二十届研支团的一员后，我也同研支团的师兄师姐聊起过这个话题。每个人甚至身边人都会感受到自己一年来的变化和成长。这一年的经历，更是人生旅途中不一样的故事和风景。如今，法大的研究生支教团已走过十九载风雨，正迎来第二十年的开篇。始终有坚定的一群人，积极投身基层教育。道阻且长，行则将至。作为一名大学生所见证和参与的只是短短的一瞬，但即便是短短的一瞬，也会尽一己之力，给予支教的孩子最大的尊重和爱护，为基层的教育奉献自己的知识和能力。借用一位法大支教团的师兄在宣讲时的一句话，勉励研支团的伙伴，也分享给大家作结："渺小如我，尚不足以高谈阔论，好在大爱在怀，胆敢凭一己之力成就一份小小的担当。"

我们的期待

一年的时光，愿尽自己的绵薄之力，点亮孩子们梦中的灯。不求多么优秀的成绩，但求问心无愧。

——第二十届研支团成员 曾庆鹏

我愿意与孩子们去分享二十一岁的我看过的世界走过的路，也对孩子们眼中纯粹简单洒满阳光的生活充满期待。

——第二十届研支团成员 高丹阳

给自己一个扎根基层的机会，给需要老师的孩子们带来良好的教育，这是我选择支教的原因，也是我希望达到的目标。

——第二十届研支团成员 张金一

一个人至少拥有一个梦想，有一个理由去坚强。心若没有栖息的地方，到哪里都是在流浪。但行好事，莫问前程。志愿服务，我们永远在路上！

——第二十届研支团成员 周 末

不忘初心，砥砺前行。不求闻达，无愧于心。

——第二十届研支团成员 马 啸

我知道我很渺小，不能拿着锄头为他们修出一条走出大山的路，但我想在他们的心里修出一条路，点亮一盏灯。

——第二十届研支团成员 李姣漪

我会努力向习总书记的期望迈进，在服务社会中增长智慧才干，在基层的艰苦奋斗中锤炼意志品质、实现人生价值！

——第二十届研支团成员 朱静雯

做一个有担当的人，教书育人，去最基层感受和体验生活。做一个有追求的人，立德树人，重走学生路，做身边学生的榜样。

——第二十届研支团成员 王知行

在最热血的年纪去做一件最值得做的事，这是对过去十九年来所有研支团前辈们所做出的努力的继承，也是我们小一辈研支团人该有的责任与担当。

——第二十届研支团成员 武新阳

对于未来一年的支教，我充满了期待。希望自己能在基层实践中练就过硬的本领，用实际行动去传播爱和知识，为祖国的教育事业尽一点绵薄之力。

——第二十届研支团成员 俞嘉枫

希望自己在接下来的一年里：勤思考但不要想太多，相信自己但不要太有自信，勇于做出改变但要不忘初心。CUPL 研支团，加油！

——第二十届研支团成员 张伊佳

志愿活动中孩子们的直接、纯粹让我感受到了我所负有的责任。"青春是用来奋斗的"，我愿意用一年不长的时间，做一件终生难忘的事。

——第二十届研支团成员 唐宇轩

对未来一年的支教活动充满期待，在这一年希望自己可以倾尽全力去做好工作，希望自己可以成为一名合格的人民教师。

——第二十届研支团成员 聂梓锋

什么时候想要支教呢？或许是在河南的乡村里一群留守的孩子拉着我转圈圈的时候，或许是在国家大剧院偶遇一群小学生感受到教育资源不均衡的时候，又或许是在电视上看到乡村教师无私的奉献潸然泪下的时候。曾经读到这样一段话："在孩子的成长环境中需要一位可以陪伴成长、分享经验和见解的哥哥姐姐，在大头电脑还只能用来玩扑克的岁月里，支教的哥哥姐姐送来了望远镜，不仅仅让我们看到了对面山头的老母鸡，还展示了他们所看到的世界。"希望在未来支教的一年里，自己可以成为这样一名姐姐，不忘初心，不负期待。

——第二十届研支团成员 李晓瑜

习主席来我校时曾说过，青年学子处优但不可养尊，我们应当有强烈的时代责任感，我想，到基层去以自己的所学做出自己的贡献就是每一个青年大学生的担当！

——第二十届研支团成员 何仁平

生命的改变有时并不取决于时间的堆积，一句话、一件事、一个经历都可能改变生命的轨道。我愿意给孩子们这些与众不同的"永恒瞬间"，我愿意为他们的生命添上新的色彩。

——第二十届研支团成员　杨　帅

希望我能够为支教点的学生做些帮助，告诉他们世界之广博，告诉他们学习之重要。

——第二十届研支团成员　王　剑

支教是我一直渴望去体验和尝试的一件事。希望在这次难得的体验中，我可以勇敢面对任何困难，坚强乐观，认真做好教学工作，让他们因为有我而感到幸福。

——第二十届研支团成员　徐伊洁

"少年勤学，青年担纲，中国青年，国之栋梁"，我希望能用自己的力量，把四年所学带到祖国的西部，宣传法治理念，弘扬法治文化，将青年人的热血和激情带到祖国最需要的地方去。

——第二十届研支团成员　黄天浩

志向边疆，扎根基层。投身志愿，团结群众。风雨同舟，砥砺奋进。奉献自我，回报社会。不忘初心，方得始终！

——第二十届研支团成员　崔传森

支教于我，不仅需要带着爱心、耐心、童心去参与，更要本着立德树人的根本去尊重、爱护每一个孩子。支教于我，将是一种难得的经历与体验，也会成为日后回忆中宝贵的财富。

——第二十届研支团成员　盛斯佳

用一年的时光，换一生的回忆。

——第二十届研支团成员 陈拔志

用一年的支教服务经历，为中国梦的实现贡献自己的力量。

——第二十届研支团成员 姜雅文

▲第20届研支团成员合影1

▲第 20 届研支团成员合影 2

▲第 20 届研支团成员在研支团旗帜上的签名

▲ "法大班"游学团（2）

活动结束后中信出版社如果童书营销总监王馨可（左一）、共青团石楼县委员会副书记韦婷婷（右一）与孩子交流

▲《别让伤害靠近你》童书分享公益活动

204

▲明法社活动

在山西石楼县义
牒镇明德小学开
展戏剧班 ▶

心　语

　　这一年，可能不是你人生中最重要的一年，但它必将是你人生中永不后悔的一年。

——第一届　贺　丹

　　支教的一年不是简单的吃苦，而是非常饱满的、非常有收获的、对我们的一生都会产生影响的一年。

——第二届　黄晓慧

　　支教的经历让我更懂了感恩、珍惜和知足。习惯用平和淡定的心态面对挫折和挑战，这是老区那些孩子们给我的巨大财富，使我能一直快乐地生活，因为我一直生活在他们梦想中的天堂。

——第三届　冷　玉

　　支教，使我更为自然地完成了从学生到工作人员的角色转变；支教，也让我看到了基层民众的辛苦和农村孩子们改变命运的迫切渴望。孩子们为了理想所付出的艰苦卓绝的努力和顽强拼搏的精神带给我的是感动，更是鞭策。

——第六届　余　蕊

　　回望那段不会被遗忘的时光，我的心里充满了感动，还有感激。深深地祝福那方水土和那里的少年，愿我一年的青春在那里留下了痕迹；真诚地祝愿我的师弟师妹们珍惜这一年宝贵的经历，希望大家在这段属于我们这个团体的特别的日子里认真工作、认真学习、认真生活。

——第六届　李韶宇

真是幸运，那一年有他们陪伴我走过，这一生与我分享那五味的生活。

——第七届　孙书妍

我知道对于新县，自己有着太多的不舍，但这样的离去是为了那下一次的相聚。在心灵上，北京到新县之间的选择，没有分隔！

——第八届　王　广

决定来支教的时候就开始幻想这一年的经历，开始工作的时候就想象着离别时的场景。"陪君醉笑三千场，不诉离殇。"当我看到这句话时，一种感觉直抵内心。回忆如歌，悠长动人，回忆似酒，绵长诱人，回忆深深。

——第九届　李佳凝

我们希望在孩子心中播种一个梦想：知识改变命运，知识就是力量。

我们希望在孩子心中树立一种态度：未来自有千条路，要做社会有用人。

我们希望在孩子心中打造一种品格：宝剑锋从磨砺出，梅花香自苦寒来。

也许一年的时间不够长，也许我们的力量不够大，但有志者，事竟成，苦心人，天不负。我们在努力！我们的前任如此，我们的继任者也定会如此，这便是志愿接力的魅力所在！

——第十届　王达非

这一年，与其说是作为一名老师在学校教书育人，不如说是自己作为一名学生在社会这个大学堂里学习和成长。

如果我能活七十岁，过去的一年，我用我生命的七十分之一做了一件有意义的事情——支教。如果时光倒流，让我再选择一次，我会无怨无悔、毫不犹豫地再来支教。

——第十一届　俞文英

人说不负少年头，趁年轻多感受一下百态的生活。支教，这个开始感觉茫然，然后吃力，最后爱上的字眼，说得通俗点就像开车：磨合期的小心翼翼，紧接着小毛病凸现，磕磕绊绊，最后轻车熟路，自由随心。支教这条路，挺苦，挺艰辛，但从未厌弃。

——第十三届　张　旭

一年的时光与其说是一段人生的经历，不如说是一次心灵的旅程，支教生活看似平淡无奇，但我们每个人每天都在面对着挑战，花落花开，一瞬即是经年。

——第十三届　李一帆

我初来乍到属于新人，更无法宏大叙事，只好期待这快要落下的第一场雪。孩子们早上朗朗的读书声伴我起床。他们在真切地生活，这里是他们生活的中心。

——第十三届　张德成

在石河子这个小城市，高中教师的待遇不算好，生活的质量也不算高，但不可否认，高中教师这个职业受到了全社会的尊敬。"桃李满天下"这句话对于生活在这块小小的土地上的教师来说，是一种必然的生活体验。从菜市场到市政府、从城东到城西、从学校到银行，大部分人都曾经是我们学校的学生。每每回忆起自己的高中生活的时候，每个石河子人心中都能浮现出一两张老师的面孔，心中默默地涌出对师恩的怀念和感谢。

——第十四届　谢刚炬

你能带给他们的远比你想象的多。永远都要深知自己的能力有限，然后努力做自己应该做好的事情。祝福每一个孩子。

——第十八届　孙蕾蕾

第一次如此深入了解一个职业，就是老师这样伟大的职业，实在惊惶忐忑，但更多的是充满信心和乐在其中——谁不愿意跟可爱青春的 00 后朝夕相处，并且为他们的快乐成长做出一点贡献和帮助呢？

——第十九届　吕夏宇

中国政法大学历届研究生支教团成员汇总

届别	姓名	本科院系/专业	研究生学院/专业	学习/工作单位	支教地
第一届 （1999届）	贺丹	经济法系	经济法学	北京师范大学法学院	山西灵丘县
	凌忠果	政管系	经济法学	国家发改委价格司	
	罗海敏	法律系	诉讼法学	中国政法大学诉讼法研究院	青海循化撒拉族自治县
	肖江峰	法律系	刑法学	北京高级人民法院	甘肃榆中县
第二届 （2000届）	段一昕	国际经济法系	国际法学	中国国际电视总公司	河南新县职业高中
	蔡蓓	经济法系	经济法学	北京市德润律师事务所	
	黄晓慧	政管系	经济法学	中国政法大学	
	邬慧芳	政管系	宪法学与行政法学	云南律师事务所	
第三届 （2001届）	郭圆媛	国际经济法系	国际法学	华夏银行	河南新县职业高中
	高小岩	政管系	经济法学	北京市东城区人民法院	
	冷玉	法律系	诉讼法学	北京市第一中级人民法院	
	刘新波	法律系	诉讼法学	北京汽车集团有限公司	河南新县八里畈综合高中
第四届 （2002届）	沈建峰	法律系	民商经济法学院	中国劳动关系学院	河南新县千斤乡高中
	王勋	经济法系	刑事司法学院	济南市海关	
	薛圣海	企业管理	民商经济法学院	北京市第一中级人民法院	
	张景丽	经济法系	民商经济法学院	中共北京市宣传部	
第五届 （2003届）	孔令政	法学	民商经济法学院	中国邮政集团公司	河南新县八里畈综合高中、河南新县职业高中
	宁静	法学	民商经济法学院	中轻物产公司	
	苏蓓	法学	民商经济法学院	民商经济法学院博士研究生在读	
	张瑶	行政管理	法学院	中国残联教育就业部	
	何晓丹	英语	民商经济法学院	中国邮政储蓄银行	
第六届 （2004届）	李韶宇	法学	法学院	中化集团公司石油中心	河南新县千斤乡高中、河南新县八里畈综合高中
	翟远见	法学	民商经济法学院	中国政法大学比较法学院	
	苏娅楠	法学	国际法学院	金杜律师事务所	
	张丽云	政治学与行政学	民商经济法学院	宣武区统战部	
	余蕊	工商管理	商学院	新华社	

续表

届别	姓名	本科院系/专业	研究生学院/专业	学习/工作单位	支教地
第七届 （2005届）	王述炜	法学	民商经济法学院	文化部机关服务局办公室	河南新县千斤乡高中
	陈鑫	法学	刑事司法学院	中共中央办公厅人事局	
	王鑫	法学	国际法学院	中央统战部经济局	
	蔡旭姣	政治学与行政学	法学院	上海市黄浦区人大常委会办公室	
	孙书妍	英语	法学院	中国建筑工业出版社	
第八届 （2006届）	王广	法学	刑事司法学院	北京市第二中级人民法院	河南新县八里畈综合高中
	姜玉琴	行政管理	法学院	重庆市卫生局	
	刘慧慧	法学	民商经济法学院		
	李晓杨	社会学	民商经济法学院	四川警察学院	
第九届 （2007届）	王长瑞	汉语言文学	民商经济法学院		河南新县职业高中
	杜会峰	法学	民商经济法学院	中国证券登记结算有限责任公司	
	李佳凝	社会学	中德法学院	青岛市黄岛区人民检察院	
	励小康	英语	刑事司法学院	北京市第二中级人民法院	
	江睿	国际政治	国际法学院	全国政协办公厅	
第十届 （2008届）	彭奕洪	国际法学院	法学院	三峡集团	河南新县职业高中
	李俊	商学院	法律硕士学院	首都经济贸易大学学生处	
	马学军	社会学院	社会学院	博士在读	
	王达非	马克思主义学院	马克思主义学院	李宁公司	
	陈拔群	政治与公共管理学院	政治与公共管理学院	国家邮政总局	
	熊元林	刑事司法学院	法学院	中国政法大学学生处	
	倪菁	法学院	法学院	中国政法大学组织部	
第十一届 （2009届）	章欣	商学院	民商经济法学院	浙江广播电视集团	河南新县职业高中
	禹良	民商经济法学院	民商经济法学院	国家开发银行湖南省分行	
	刘燕	国际法学院	民商经济法学院	江苏省高级人民法院	
	南连伟	刑事司法学院	刑事司法学院	人力资源社会保障部规划财务司	
	俞文英	政治与公共管理学院	政治与公共管理学院	百度在线网络技术（北京）有限公司	
	张蕾	新闻与传播学院	新闻与传播学院	中国政法大学学校办公室	
	杨文明	法学院	法学院	人民日报社	

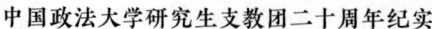

续表

届别	姓名	本科院系／专业	研究生学院／专业	学习／工作单位	支教地
第十二届 （2010届）	楚 哲	刑事司法学院	刑事司法学院	中国证券监督管理委员会	河南新县一中
	曾巧艺	人文学院	民商经济法学院	北京市第一中级人民法院	
	赖晓红	新闻与传播学院	新闻与传播学院	北京市文化节	
	张瑜瑜	人文学院	民商经济法学院	中央人民广播电台	
	王 储	法学院	刑事司法学院	北京市君泽君律师事务所	
	杨 泰	民商经济法学院	民商经济法学院	国务院国有资产监督 管理委员会	
	孙 芳	法学院	国际法学院	年利达律师事务所北京代表处	
	包君成	马克思主义学院	新闻与传播学院	教育行业	
	王 婷	民商经济法学院	民商经济法学院	中国农业银行北京海淀支行	
第十三届 （2011届）	刘 炜	刑事司法学院	民商经济法学院	海淀法院知识产权庭	新疆昌吉第七中学
	包颖晨	民商经济法学院	民商经济法学院	中国船级社	
	耿亚男	马克思主义学院	法律硕士学院	北京站地区管委会	
	张德成	外国语学院	国际法学院	高伟绅律师事务所	
	张 旭	政治与公共管理学院	政治与公共管理学院	复星集团	
	毛 快	光明新闻传播学院	民商经济法学院	民商经济法学院民商法博士	广西北流中学
	任丽华	人文学院	民商经济法学院	北京市铭达律师事务所	
	杨 阳	刑事司法学院	民商经济法学院	华泰联合证券	
	李一帆	刑事司法学院	民商经济法学院	北京交通大学招生就业处	
	李奇玥	法学院	民商经济法学院	重庆邮电大学	
第十四届 （2012届）	李家樑	民商经济法学院	民商经济法学院	中国政法大学	新疆昌吉卫生学校
	谭冬梅	外国语学院	比较法学研究院	留学归国待业	
	严雨寒	国际法学院	国际法学院	中央人民广播电台	
	王超群	刑事司法学院	刑事司法学院	中国政法大学	
	向芝鑫	政治与公共管理学院	政治与公共管理学院	中国政法大学	新疆石河子市第二中学
	孙忠瑞	法学院	法学院	外交部	
	谢刚炬	法学院	刑事司法学院	北京市顺义区人民法院	新疆石河子市高级中学
	宋大维	民商经济法学院	民商经济法学院	中国电力财务有限公司	
	赵流连	民商经济法学院	民商经济法学院	中国技术进出口总公司	新疆石河子市第八中学
	钱 星	人文学院	人文学院	北京市第一中级人民法院	
	王秋辰	商学院	法律硕士学院	北京市朝阳区地税局	新疆石河子市卫生学校
	朱 芮	社会学院	社会学院	空间家有限公司	

续表

届别	姓名	本科院系／专业	研究生学院／专业	学习／工作单位	支教地
第十五届（2013届）	杨志	政治与公共管理学院	政治与公共管理学院	广州市纪委	新疆兵团四师六十八团中学
	孙春凤	国际法学院	国际法学院	无锡市新区法院	
	葛莹	社会学院	法律硕士学院	中国政法大学	
	吕金柱	民商经济法学院	民商经济法学院	中国邮政储蓄银行	
	韩梦蝶	法学院	民商经济法学院	上海虹桥正瀚律师事务所	
	张雪永	刑事司法学院	刑事司法学院	东源股权投资基金	新疆昌吉奇台县第二中学
	佟川	马克思主义学院	法学院	中国人民财产保险股份有限公司	
	刘驰	马克思主义学院	法律硕士学院	国都证券股份有限公司	新疆石河子市第一中学
	刘震	民商经济法学院	民商经济法学院	北京市政府研究室	
	李超男	民商经济法学院	民商经济法学院	北京市二中院	
	李春锦	外国语学院	民商经济法学院	北京市知识产权法院	新疆兵团十师北屯中学
	滑蕊	国际法学院	民商经济法学院	中国政法大学	
	刘彪	法学院	法和经济学研究中心	中国政法大学经济法博士在读	
	李振洋	国际法学院	刑事司法学院	中国建筑股份有限公司	
	杨玉清	民商经济法学院	民商经济法学院	北京市一中院	新疆昌吉奇台县第六小学
	张丽颖	法学院	法学院	北京市东城区人民法院	
	岑虹瑾	刑事司法学院	民商经济法学院	长安国际信托股份有限公司	新疆石河子市第二中学
	徐晓晗	法学院	法学院	金杜律师事务所	
	陈开元	国际法学院	国际法学院	乔治城大学博士在读	
第十六届（2014届）	林稼朋	法学院	法学院	法学院在读	新疆伊宁市兵团四师
	张英男	法学院	法学院	法学院在读	
	冯亮	法学院	法学院	法学院在读	
	王敬妍	马克思主义学院	法学院	法学院教职工	
	马宁	国际法学院	国际法学院	国际法学院在读	新疆石河子市第二中学
	万晓艺	国际法学院	国际法学院	国际法学院在读	
	瞿迪希	刑事司法学院	刑事司法学院	工商银行总行	
	徐文红	社会学院	法律硕士学院	法律硕士学院在读	
	景昌霖	政治与公共管理学院	政治与公共管理学院	政管院在读	新疆石河子市第七中学

续表

届别	姓名	本科院系/专业	研究生学院/专业	学习/工作单位	支教地
	陈新琦	政治与公共管理学院	政治与公共管理学院	政管院在读	新疆石河子市第一中学
	高维钊	刑事司法学院	民商经济法学院	民商院在读	
	陈梦佳	政治与公共管理学院	政治与公共管理学院	政管院在读	
	宣言	政治与公共管理学院	政治与公共管理学院	政管院在读	新疆石河子市高级中学
	曹莹	民商经济法学院	民商经济法学院	民商院在读	
	刘奕初	刑事司法学院	刑事司法学院	刑事司法学院在读	云南昆明市寻甸县凤合镇初级中学
	张可欣	国际法学院	国际法学院	国际法学院在读	
	孙立	民商经济法学院	民商经济法学院	民商院在读	
	欧阳晓滨	人文学院	刑事司法学院	北京大成（上海）律师事务所	云南昆明市两区金源乡金源中学
	吴美辰	法学院	法学院	法学院在读	
	刘铁洋	刑事司法学院	刑事司法学院	刑事司法学院在读	云南昆明市东川区红土地镇红土地中学
	谭冰玉	民商经济法学院	民商经济法学院	民商院在读	
	逯容如	国际法学院	国际法学院	国际法学院在读	云南昆明市寻甸县倘甸镇初级中学
	陈嘉林	商学院	法学院	法学院在读	
第十七届（2015届）	陈琛	刑事司法学院	刑事司法学院	刑法专业在读	新疆石河子市第一中学
	庞智嘉	国际法学院	国际法学院	国际私法专业在读	
	李思琪	刑事司法学院	刑事司法学院	刑法学专业在读	
	孙姝	民商经济法学院	法律硕士学院	法律（法学）专业在读	
	吕云川	刑事司法学院	刑事司法学院	诉讼法学专业在读	新疆四师第一中学
	冯金宇	马克思主义学院	马克思主义学院	马克思主义中国化专业在读	
	姚利明	马克思主义学院	马克思主义学院	马克思主义中国化专业在读	新疆四师第二中学
	张晋铭	刑事司法学院	刑事司法学院	刑事诉讼法专业在读	
	高雅	民商经济法学院	民商经济法学院	经济法专业在读	新疆北屯中学
	夏晨鹏	民商经济法学院	证据科学研究院	证据法专业在读	
	苏光锦	民商经济法学院	中欧法学院	比较法学专业在读	
	刘昊石	商学院	证据科学研究院	证据法学专业在读	
	吴一凡	民商经济法学院	民商经济法学院	经济法专业在读	
	黄铃慧	人文学院	人文学院	文艺美学专业在读	
	黄子洋	民商经济法学院	光明新闻传播学院	法学理论专业在读	

续表

届别	姓名	本科院系／专业	研究生学院／专业	学习／工作单位	支教地
第十八届 （2016届）	杨璐嘉	刑事司法学院	刑事司法学院	刑法学专业在读	新疆八师第二高级中学
	王之岳	民商经济法学院	民商经济法学院	经济法专业在读	
	罗南森	国际法学院	民商经济法学院	商法专业在读	新疆石河子市高级中学
	韩庭轩	商学院	商学院	企业管理专业在读	新疆石河子市第二中学
	柏懿娜	社会学院	法律硕士学院	法律硕士专业在读	
	齐轲	社会学院	社会学院	犯罪心理学专业在读	
	李昊	民商经济法学院	民商经济法学院	经济法专业在读	云南姚安县大成中学
	陆永久	政治与公共管理学院	政治与公共管理学院	社会保障专业在读	
	李伽宁	国际法学院	国际法学院	国际公法专业在读	
	吴佳宝	商学院	中欧法学院	经济法专业在读	
	魏子玥	国际法学院	刑事司法学院	刑法学专业在读	山西石楼县第二中学
	孙蕾蕾	民商经济法学院	民商经济法学院	经济法专业在读	
	许天明	商学院	法学院	法与经济学专业在读	
	吴杨洋	民商经济法学院	民商经济法学院	民事诉讼法专业在读	
	樊伊琳	民商经济法学院	民商经济法学院	知识产权专业在读	
	孙铭锴	刑事司法学院	刑事司法学院	侦查学在读	山西石楼县合和中学
	鞠团	国际法学院	中欧法学院	宪法行政法专业在读	
	赵南境	国际法学院	国际法学院	国际经济法专业在读	
	赵志垚	国际法学院	民商经济法学院	民法专业在读	山西石楼县罗村中学
	何新宇	国际法学院	国际法学院	国际私法专业在读	
	罗海月	政治与公共管理学院	政治与公共管理学院	危机管理专业在读	
	詹薇斯	政治与公共管理学院	刑事司法学院	侦查学专业在读	江西赣州市小布中小学
	陈超哲	民商经济法学院	刑事司法学院	刑法学专业在读	
	石盛江	政治与公共管理学院	政治与公共管理学院	外交学专业在读	
	周鑫	民商经济法学院	中欧法学院	宪法行政法专业在读	
	高奇	商学院	商学院	政治经济学专业在读	新疆石河子市第二中学
	张晓奕	国际法学院	法学院	法学理论专业在读	
	田换林	社会学院	法律硕士学院	法律硕士专业在读	新疆石河子市第一中学
	姚迪	国际法学院	国际法学院	国际私法专业在读	
	何方	刑事司法学院	刑事司法学院	刑法学专业在读	云南姚安县大成中学
	张优悠	刑事司法学院	中欧法学院	刑法专业在读	

续表

届别	姓名	本科院系 / 专业	研究生学院 / 专业	学习 / 工作单位	支教地
第十九届 （2017 届）	梁兴博	刑事司法学院	刑事司法学院	刑法学专业录取	新疆阿勒泰市第三中学
	杨 娴	国际法学院	国际法学院	国际法学专业录取	
	诺 敏	国际法学院	国际法学院	国际法学专业录取	
	张梦薇	国际法学院	国际法学院	国际法学专业录取	
	张 韬	政治与公共管理学院	政治与公共管理学院	政治学理论专业录取	
	卢文骄	政治与公共管理学院	法律硕士学院	法律硕士专业录取	
	张天琳	民商经济法学院	民商经济法学院	民商法学专业录取	新疆石河子市第一中学
	刘一林	国际法学院	国际法学院	国际法学专业录取	
	陈慕寒	商学院	证据科学研究院	法律硕士专业录取	新疆石河子市第二中学
	宋世豪	民商经济法学院	民商经济法学院	经济法学专业录取	
	吕夏宇	光明新闻传播学院	法律硕士学院	法律硕士专业录取	
	张峰祥	民商经济法学院	民商经济法学院	诉讼法学专业录取	新疆石河子市高级中学
	马天一	刑事司法学院	刑事司法学院	网络法学专业录取	云南姚安县大成中学
	王天元	刑事司法学院	刑事司法学院	网络法学专业录取	
	栾文朔	民商经济法学院	民商经济法学院	诉讼法学专业录取	
	王 茜	民商经济法学院	民商经济法学院	经济法学专业录取	江西宁都县小布中小学
	郭成刚	国际法学院	国际法学院	国际法学专业录取	
	冯梦笛	刑事司法学院	刑事司法学院	刑法学专业录取	
	王玥乔	刑事司法学院	刑事司法学院	刑法学专业录取	
	张志文	商学院	法律硕士学院	法律硕士专业录取	山西石楼县第三中学
	窦 鸿	政治与公共管理学院	政治与公共管理学院	公共人力资源专业录取	
	潘 俊	商学院	商学院	政治经济学专业录取	
	周晓珂	商学院	法学院	法与经济学专业录取	

续表

届别	姓名	本科院系/专业	研究生学院/专业	学习/工作单位	支教地
第二十届（2018届）	张金一	商学院	法学院	法与经济学专业录取	山西石楼县
	李姣漪	民商经济法学院	民商经济法学院	民商法学专业录取	
	黄天浩	民商经济法学院	民商经济法学院	经济法学专业录取	
	张伊佳	民商经济法学院	民商经济法学院	经济法学专业录取	
	何仁平	国际法学院	国际法学院	国际法学专业录取	
	周末	政治与公共管理学院	政治与公共管理学院	政治学理论专业录取	
	朱静雯	商学院	法律硕士学院	法律硕士专业录取	
	杨帅	政治与公共管理学院	法律硕士学院	法律硕士专业录取	
	俞嘉枫	商学院	中欧法学院	法律硕士专业录取	
	曾庆鹏	光明新闻传播学院	证据科学研究院	法律硕士专业录取	
	唐宇轩	民商经济法学院	民商经济法学院	民商法学专业录取	新疆阿勒泰
	聂梓锋	刑事司法学院	刑事司法学院	刑法学专业录取	
	陈拨志	刑事司法学院	刑事司法学院	刑法学专业录取	
	马啸	民商经济法学院	民商经济法学院	经济法学专业录取	
	崔传森	国际法学院	国际法学院	国际法学专业录取	
	王剑	政治与公共管理学院	政治与公共管理学院	公共人力资源专业录取	
	盛斯佳	政治与公共管理学院	光明新闻传播学院	法律硕士专业录取	
	武新阳	刑事司法学院	刑事司法学院	刑法学专业录取	新疆石河子
	姜雅文	刑事司法学院	刑事司法学院	网络法学专业录取	
	李晓瑜	国际法学院	国际法学院	国际法学专业录取	
	王知行	商学院	法律硕士学院	法律硕士专业录取	
	高丹阳	外国语学院	法律硕士学院	法律硕士专业录取	
	徐伊洁	社会学院	社会学院	犯罪心理学专业录取	

注：以上信息统计截止于2018年7月

后 记

（按：我们发表《后记》，向历届研究生支教团成员以及广大师生、校友通报纪念文集编辑情况以及诞生历程）

中国政法大学自 1998 年始，为响应共青团中央、教育部、中国青年志愿者协会关于中国青年志愿者扶贫接力计划的号召，为贯彻落实国家"八七"扶贫攻坚计划和科教兴国战略，派遣出第一批研究生支教团，迄今为止已走过近二十个春秋。

二十载，青春芳华已逝，即使那些年鲜活的色彩斑斓的青春印象已蒙尘泛黄，留存的记忆却不会磨灭，一届届研究生支教团成员的青春便通过各种形式留存，那生逢灿烂的日子，或通过文字书稿或通过胶片或通过采访口述，流传下来，我们所做的就是收集、整理，试图用文集的方式保存这一份份珍贵的记忆和那"用一年时间，做一件一生难忘的事"的时代留痕。关于青春，关于奉献，关于志愿服务精神。

自 2009 年中国政法大学第十一届研究生支教团诞生时，便已有筹备纪念文集的意识萌芽，并且进行了十届以来的支教工作总结及历届研究生支教团成员的信息收集工作。随后的各届研究生支教团也延续了这一想法并达成了共识，不断进行文稿的积累、影像素材的收集工作。2013 年，第十五届研究生支教团杨志在第十一届研究生支教团文集初稿的基础上，进行了进一步的内容扩充及第十二届、第十三届、第十四届、第十五届研支团的成员信息、照片、文稿收集工作，并且已经具备纪念文集的基本雏形。遗憾的是，由于种种原因，纪念文集未能正式出版。但是，纪念文集的编订脚步并未停止，2018 年，正值法大研究生支教团成立二十周年，十九载风雨，迎来了第二十年的新的开篇。在学校党委的关怀下，在校团委的推动下，二十周年纪念文集的筹备工作正式开始。这些内容重大、意义深远的文章，都是作者们搜集了很多材料，花费了很多精力完成的。文集中的大部分文章基本保留原文原意。但由于年代久远，历届研支团部分成员的文章有所遗失，致使每一届的文章数量有所不同，编委会通过各种途径采访整理了成员的口述，汇编成稿，但可能会存在记忆误差及疏漏，与当年的具体细节有出入，敬请理解。2017年年底，纪念文集经过增补，最后选定二十届研究生支教团成员的三十余篇文章。文章都不同程度地作了文字上的处理，一般改动不大。但由于文集总的篇幅限制，对少量篇幅过长或者内容与支教工作、生活关系不大的文章，进行了取舍或删节，望其作者予以谅解。

中国的教育改革开放已经历经四十年，教育公平始终是一个永恒而深刻的时代主题。习近平总书记在党的十九大报告中提出要加快教育现代化，优先发展教育，促进教育公平，推动城乡义务教育一体化发展，高度重视农村义务教育，普及高中阶段教育，努力让每个孩子都能享有公平而有质量的教育，使绝大多数城乡新增劳动力接受高中阶段教育、更多接受高等教育。扶贫先扶志、扶贫先扶智。中国政法大学研究生支教团成员们由学生转变为教师，一届届人走出青涩，更加深刻地认识自己，这不仅仅是角色的转变，更是一种责任的转化。从一个求学者变成了一名授人以渔的从业者，让所有人亲身体验到了基层教育的艰辛与神圣。支教并没有所谓的光环，但在这个过程中，每个人可以不停地寻找自己、沉淀自己，从服务他人中学习，将热血变为理性的思考和践行。教书是个良心活儿，一声声老师，让所有研支团成员始终提醒自己不忘初心，让每个人明白理解与爱比期待更重要，让所有人时时刻刻以身作则，把自己最好的一面展现给学生。"十年树木，百年树人"，"教育扶贫"能让贫困地区的孩子掌握知识、改变命运、造福家庭，是最有效、最根本的精准扶贫措施。

此文集是校团委为纪念中国政法大学研究生支教团成立二十周年编辑出版的。在此，感谢团中央志工部领导对我校研支团成立与发展的大力支持；

感谢校党委和各位校领导对历届研支团成员成长成才的深切关怀；感谢参与文稿收集与整理的张红哲同志以及杨志、黄铃慧、冯梦笛、周末四位研支团成员；感谢历届研究生支教团成员倾力供稿。